改訂版
初等体育科教育の研究

木原成一郎　大後戸一樹
久保研二　村井　潤　● 共編著

学術図書出版社

はじめに

　2017年の小学校学習指導要領改訂では，知識の理解の質を高め資質・能力の育成を育む「主体的・対話的で深い学び」の実現が打ち出されました．そして，全ての教科が，「知識・理解」，「思考力，判断力，表現力等」，「学びに向かう力，人間性等」の三つに柱によって整理がなされています．体育科もその例に漏れません．しかし，体育科教育から眺めていた場合，知識と技能が同じカテゴリーに分類できるのかどうか，三つの柱をどのように評価するのか，など悩ましい問題が浮かび上がってきます．また，汎用性のある資質・能力の育成のためには，教科横断的な学習の充実やカリキュラム・マネジメントの確立などの必要性も指摘されています．これからの体育科教育のあり方が大きく問い直されようとしているこの期にあたり初等体育の置かれた今日的な課題をとらえながら，体育科のあり方を探り，既刊『新版 初等体育科の研究』（以後，前書という）の改訂版として本書を出版することにしました．

　本書は2部構成とし，第1部では，わが国における体育科教育の変遷を概観しながら，体育科の目的・目標をとらえ，体育の指導計画，教材づくり，指導法及び評価について，総論的にまとめています．第2部では，2017年の小学校学習指導要領に示された内容にそって，七つの領域について各特性を踏まえた指導のねらいと内容，指導のポイント，具体的な指導方法について述べています．

　本書の刊行にあたっては，若手教師，もしくは将来若手教師になるみなさんが，体育の授業づくりをする時のことを念頭に置いて，より具体的な指針を示せるよう試みました．特に第2部においては，各運動領域の教材解釈や具体的な単元計画などについて，それぞれの執筆者が丁寧に述べています．また，前書にはなかった「保健領域」についても新たに掲載しました．小学校教諭をめざす学生のみなさんにとっては，初等体育科教育の概要と体育授業づくり論と具体的実践方法を，丸ごと学ぶためのテキストとして活用してほしいと考えています．ただ，そこで終わるのではなく，教職についてからもぜひこの一冊を

書棚に入れておいてほしいと思っています．新任期は，大学で学んだことだけでは立ちゆかないことの連続です．日々初めてのことばかりに出くわし，大学での学びが無意味に思えることもあるでしょう．特に，体育は小学校で唯一教科書のない教科です．教科書があっても思うようにいかない授業に苦悩するのに，教科書のない体育は，うまくいったかどうかもよくわからず過ぎていくかもしれません．そのようなときこそ，ぜひ本書をもう一度手に取ってください．教育では，時代の移り変わりとともに変化する「流行」と，大きく変わることのない「不易」があると言われます．その意味では，本書は改訂版としての「流行」に対応しつつも，体育で大切にしたい「不易」にこそ重点を置いた一冊であるとの自負もあります．教職に就き何年か経って，自らの実践を省みる機会が来たとき，前に進むための一助となることを期待してやみません．

　文末ながら本書の出版にあたり編集事務をはじめご支援をいただいた学術図書出版社の杉浦幹男氏に感謝の意を表したいと思います．

平成 31 年初冬　編者（文責　大後戸）

もくじ

第 1 部

第1章 体育科の目的・目標
1. はじめに …………………………………………………………………… 2
2. 体育科の目的・目標 ……………………………………………………… 3
3. 体育科の学習指導要領の成立 …………………………………………… 5
4. 学習指導要領の性格の転換と教科の系統性の模索 …………………… 10

第2章 体育科の指導計画
1. はじめに …………………………………………………………………… 25
2. 年間指導計画 ……………………………………………………………… 25
3. 単元計画 …………………………………………………………………… 32
4. 学習指導案 ………………………………………………………………… 38

第3章 体育科の教材づくり
1. はじめに …………………………………………………………………… 42
2. 教材概念の変遷 …………………………………………………………… 43
3. 教材づくりの視点 ………………………………………………………… 45
4. 素材研究と教材研究 ……………………………………………………… 51
5. 教材の構造化 ……………………………………………………………… 52
6. おわりに …………………………………………………………………… 52

第4章 体育科の指導法
1. 体育授業の特徴を踏まえる ……………………………………………… 55
2. 体育授業を構想する視点 ………………………………………………… 56
3. 体育授業で求められる指導法 …………………………………………… 60

第5章　体育科の評価
1. はじめに……………………………………………………………72
2. 教育評価の意義と役割……………………………………………73
3. 体育の評価の特質…………………………………………………75
4. 体育科の評価の実際………………………………………………83

第 2 部

第1章　体つくり運動
1. 体つくり運動の特性とねらい……………………………………94
2. 体つくり運動の内容と指導のポイント…………………………96
3. 具体的な指導例…………………………………………………101

第2章　器械・器具を使っての運動遊び／器械運動
1. 器械・器具を使っての運動遊び／器械運動の特性とねらい…106
2. 器械・器具を使っての運動遊び／器械運動の内容と指導のポイント…107
3. 具体的な指導例…………………………………………………116
4. 指導上の留意事項………………………………………………119

第3章　走・跳の運動（遊び）／陸上運動
1. 走・跳の運動遊び／陸上運動の特性とねらい………………122
2. 走・跳の運動（遊び）／陸上運動の内容と指導のポイント…123
3. 具体的な指導例…………………………………………………130
4. 指導上の留意点…………………………………………………133

第4章　水遊び／水泳運動
1. 水遊び／水泳運動の特性とねらい……………………………136
2. 水遊び／水泳運動の内容と指導のポイント…………………137
3. 具体的な指導例…………………………………………………142

4. 指導上の留意点 …………………………………………………… 147

第5章　ゲーム／ボール運動
　　1. ゲーム／ボール運動の特性とねらい ………………………………… 150
　　2. ゲーム／ボール運動の内容と指導のポイント ……………………… 151
　　3. 具体的な指導事例 …………………………………………………… 154
　　4. 指導上の留意事項 …………………………………………………… 160

第6章　表現リズム遊び／表現運動
　　1. 表現リズム遊び／表現運動の特性とねらい ………………………… 163
　　2. 表現リズム遊び及び表現運動の内容と指導のポイント …………… 164
　　3. 具体的な指導事例 …………………………………………………… 171
　　4. 指導上の留意点 ……………………………………………………… 176

第7章　保健
　　1. 保健のねらい ………………………………………………………… 179
　　2. 保健の内容と指導のポイント ……………………………………… 181
　　3. 具体的な指導例 ……………………………………………………… 185
　　4. 指導上の留意点 ……………………………………………………… 189

　さくいん ……………………………………………………………………… 191

第 1 部

第1章　体育科の目的・目標
第2章　体育科の指導計画
第3章　体育科の教材づくり
第4章　体育科の指導法
第5章　体育科の評価

第1章　体育科の目的・目標

1. はじめに

　小学校では，1年生から6年生までに「国語」「社会」「算数」「理科」「生活」「音楽」「図画工作」「体育」を学び，5，6年で「家庭」を学ぶ．1958年に学習指導要領が「官報」に告示され，法的拘束性を持つと解釈されてから，日本の小学校の教育課程は，全国どこへいってもこれらの教科に「道徳」と「特別活動」を加えて編成されてきた．ところが，1989（平成元）年の学習指導要領改訂で低学年の「理科」と「社会科」が廃止されて「生活科」が登場し，1998（平成10）年の改訂で，「総合的な学習の時間」が新設され，教育課程の構成に大きな変化が生まれた．このことを契機として，従来必修とされていた教科を小学校で教える意義を再度真剣に問い直さざるをえなくなってきている．

　2017（平成29）年3月に告示された小学校学習指導要領は，2020（平成32）年4月から全面的に実施に移される．今回の小学校学習指導要領の改訂の方向を示した中央教育審議会答申（「幼稚園，小学校，中学校，高等学校及び特別支援学校の学習指導要領等の改善及び必要な方策等について」2016.12，p.21.）は，教育課程全体や各教科の「育成を目指す資質・能力」を「知識・技能」「思考力・判断力・表現力等」「学びに向かう力・人間性等」に整理したうえで，その育成のために必要な指導内容を検討し，その内容を「どのように学ぶか」という，「子供たちの具体的な学びの姿を考えながら構成していく」ことを提案した．小学校学習指導要領の各教科は，これまで指導内容を中心に示されてきたが，今回の小学校学習指導要領では，それらの指導内容を理解し身に付けることにより，教育課程全体や各教科共通に示された「資質・能力」が育成できるのかを説明し，さらに，その「資質・能力」を育成するための指導の

方法を示すことが求められた．具体的にいえば，「体つくり運動」「器械運動」「陸上運動」「水泳」「ボール運動」「表現運動」という運動の内容と，「保健」の「健康・安全に関する基礎的な内容」を理解して身につけることが，小学校で目指す「資質・能力」の育成に貢献できるという説明を求められたといえよう．つまり，小学校で目指す「資質・能力」の育成という目標の点から，体育科の授業にすべての児童が参加しなければならない根拠が問われたのである．本章ではこの問題，つまり体育科の目的・目標についてみなさんと一緒に考えていきたい．

2. 体育科の目的・目標

(1) 体育科の成立根拠と目的

　学校教育には，子どもの身体的な成長や健康の保持・増進を目的とする体育的活動の機会は数多くある．たとえば，給食前の手洗いやうがいの必要性を担任の教師が教えることや，学年の始めに友だちと仲良くなるために学級活動の時間にドッジボールの試合をする，朝礼で全校一斉に体力づくりのためになわとびを毎日3分間つづけるなど，こうした学級や学校全体で取り組む体育は，学習指導要領の総則に位置づいている．それでは体育科の目的は何だろうか．小林一久は体育科の成立根拠を次のように述べている．

　「第1は，人間が体を動かすことそのものが人間の社会と文化の発展の重要な基盤であったし，今後もそうであろう．第2は，人間のからだの動かし方とそれによる発達と身体形成への合理的思考の歴史がある．そこには人類の知恵が凝集されている．第3は，運動そのものを楽しむ多様な様式と施設や器具・用具等を，とりわけ近代以降，飛躍的に発展させてきた．ここにも人間のすぐれた知恵が結集されている．第4に，こうした人類のすぐれた歴史的遺産を，運動文化と呼ぶとすると，この文化を教え・学ぶことは，後に続く世代（子ども）をより人間らしく，豊かに育てる可能性を持っている」（小林一久編『初等体育授業の研究』学術図書出版社，1989，p.5）．

　ここから我々は，人類がこれまでの歴史の中でその知恵を生かして創造して

きたさまざまな身体運動の中に,「人間のからだの動かし方」や「運動そのものを楽しむ多様な様式と施設や器具・用具」など文化として価値あるものが含まれているという考え方を読みとることができる．同時に，それらの「運動文化」を教え学ぶことが，子どもたちを「より人間らしく，豊かに育てる可能性」を含むという主張を学ぶことができる．ここで注意すべきは，「運動文化」を教え学ぶことの子どもの成長への貢献は，あくまで「可能性」とされている点である．我々は「運動文化」の文化的な価値を認めつつ，それが持つ「より人間らしく，豊かに育てる可能性」を実現しようと努力することに，体育科の成立根拠があると理解すべきである．こうした考察から，ひとまず体育科の目的は，「運動文化」を教え学ぶことによって，子どもたちを人間らしくより豊かに育てることにあるといっておこう．

（2）体育科の目標

体育科の目標，学年の目標，小学校1年生「基本の運動」の単元の目標，本時の目標というように，目標には期間の長さや具体性の程度に応じてレベルの違いがある．より具体的なレベルの目標になればなるほど，子どもの学習の直接の対象となる教材の選択や配列，運動練習や試合の実行という子どもの学習場面を導くことのできる記述の仕方が求められる．

教科レベルの目標は，体育科が人間形成にとってどのような意味を持つのかという問に対する一つの回答であるから，「知識」や「技能」「思考力・判断力・表現力等」，「学びに向かう力・人間性等」という人間の能力の発達にいかに貢献できるかという面から説明される．この「知識」や「技能」という目標は，「低鉄棒のあしかけ上がりの仕方がわかり実際にできる」のように子どもたちが学習の過程で示す行動の変化によってその習得の到達点を把握することのできる到達目標として示すことが可能である．これに対して，「運動が好きになる」などの「学びに向かう力」，「チームのメンバー全員ができることを大切と考える」などの「人間性」は，行動にあらわれる場合もあるが，心の内面は変化していても行動にあらわれなかったり，内面とは逆の行動があらわれたりする場合も多い．これらの目標は，目標の到達点ではなくその目標の方向が

しめされる方向目標としての性格をもっている．この目標の性格の問題は，第5章の体育科の評価で詳しくふれられる．

　また，「低鉄棒の足かけ上がりの仕方がわかり実際にできる」という到達目標は，友だち同士が「かかわり」ながら練習し，友だちのかけ声で足かけ上がりのコツが「わかり」，実際に動作が「できる」という子どもたちの能力に加えて「低鉄棒の足かけ上がり」という身体運動の内容から構成される．前者は，人間の能力を示す目標の能力的側面であり，後者は目標の内容的側面である．このように，体育科の到達目標は，遊びやスポーツなどの身体運動が「できる」こと，そして身体運動で「かかわる」こと，さらに身体運動が「わかる」ことという能力的側面と身体運動の内容的側面を含んでいる．

　これに対して，学年や単元レベルの到達目標は，練習や試合をするなどの子どもの学習場面を導くために，内容的側面を具体化することが求められる．この内容的側面は，「基本の運動」や「陸上運動」などの学習指導要領の領域区分や各種の運動種目の特性から具体化される場合が多い．単元や授業レベルに目標を具体化し指導計画を作成する課題は第2章体育科の指導計画で扱われる．

　また子どもに「低鉄棒の足かけ上がりの仕方がわかり実際にできる」ことを教えるためには，単元や授業のレベルで子どもの学習の対象となる具体的な運動の練習課題が必要となる．この運動の練習課題は教材と呼ばれ，目標達成のための手段であり子どもの直接の学習の対象となる．体育科の教材の問題は第3章体育科の教材づくりで展開される．さらに，授業における具体的な指導の方法の問題は第4章体育科の指導法で詳しくふれられる．

3. 体育科の学習指導要領の成立

(1) 体育の考え方の転換
1)「身体の教育」から「身体を通しての教育」へ

　1945（昭和20）年の敗戦前の学校教育は，富国強兵や殖産興業，侵略戦争という国家の目的の遂行のために，子どもを成長・発達させることを基本的な

原理としていた．「体操科」や「体錬科」と名づけられた体育の授業は，子どもたちの身体の均斉な発育や健康の維持，快活な精神の育成，規律や協同を尊重する習慣の形成を目的にしていた．しかしながらこれらの目的は，あくまでも国家の目的に役立つ国民を作り出すためのものであった．

　戦前の学校体育の目標や内容を示した「学校体操教授要目」(以下，要目と略す) は，1913 (大正2) 年にはじめて作られて以来，3回にわたって改訂された．それはどのような運動をどのような順序で教えるかということを，法的な強制力で強く拘束していた．要目のもとで展開された体育の授業は，教師の号令や指示に従って，徒手体操や集団行動などの決められた動き方を子どもたちが繰り返すことが中心であった．この要目を支えた体育の考え方は，「身体の教育」(education of the physical) であった．つまりそれは，身体運動による生理的な刺激を与えることで心身の成長や健康の維持を実現することを目的としていた．

　戦後は，1947 (昭和22) 年に制定された教育基本法の第1条にあるように，学校教育は，平和や真理と正義，個人の価値を尊び自主的精神に満ちた人格の完成をめざして行われることになった．学校教育では国家の僕としての教師が中心となるのではなく，教育の中心に子どもをすえることが民主主義的で大切であるとされた．体育では，この方向は「新体育」または「生活体育」と呼ばれ，1947 (昭和22) 年の「学校体育指導要綱」(以下，要綱と略す) から1949 (昭和24) 年の「小学校学習指導要領　体育科編」(以下，要領と略す) を経て1953 (昭和28) 年の要領まで続く．そこでは，教師の自主的精神が尊重され，なによりも教師の創意工夫により，体育科で何をどのように教えるかを教師自身が決定することが大切であるとされた．そこで，要綱や要領は，法的な拘束力を持たない「試案」，つまり参考書として発表された．

2）スポーツを経験することへの楽観的な期待

　1947年の要綱は，表1.1.1にあるように体育科の目的と目標を次のように記している．

　「目的：体育は運動と衛生の実践を通して，人間性の発展を企図する教育である．目標：(1) 身体の健全な発達，(2) 精神の健全な発達，(3) 社会的

3. 体育科の学習指導要領の成立

表 1.1.1 学校体育指導要綱（1947年），小学校学習指導要領体育編（1949, 1953年）

目的・目標
1947（昭和22）年　学校体育指導要綱
＜目的＞体育は運動と衛生の実践を通して人間性の発展を企図する教育である． ＜目標＞(1) 身体の健全な発達（① 正常な発育と発達．② 循環，呼吸，消化，排泄，栄養等の諸機能の向上．③ 機敏，器用，速度，正確，リズム．④ 力及び持久性．⑤ 神経系の活力と支配力．⑥ 仕事にも健康にも良い姿勢．⑦ 自己の健康生活に必要な知識．⑧ 略） (2) 精神の健全な発達（① 体育運動に対する広い健全な興味と熟練．② 勝敗に対する正しい態度等．③ 健康活動の広い知識．④ 身体動作を支配する意思力．⑤ 状況を分析して要点を発見する力．⑥ 適切な判断力と敢行力．⑦ 指導力．⑧ 油断のない活発な心のはたらき．） (3) 社会的性格の育成（① 明朗．② 同情―他人の権利の尊重．③ 礼儀．④ 誠実．⑤ 正義感―フェアプレー．⑥ 団体の福祉及び公衆衛生に対する協力．⑦ 性に対する正しい理解．⑧ 克己と自制．⑨ 法及び正しい権威に対する服従．⑩ 社会的責任を果たす能力．⑪ 略）
1949（昭和24）年　小学校学習指導要領　体育編（試案）
＜性格＞体育科は教育の一般目標の達成に必要な諸活動のうち，運動とこれに関連した諸活動および健康生活に関係深い活動を内容とする教科である． ＜一般目標＞(1) 健康で有能な身体を育成する．（① 身体を均せいに発達させる．② よい姿勢をつくる．③ 筋力や持久力などの身体的機能を高める．④ 循環，呼吸，消化，排せつなどの機能を高める．⑤ 略．⑥ 身体的欠陥の矯正に努める．⑦⑧ 略） (2) よい生活を育成し，教養を高める．（① 責任感を高め，完行の態度を養う．② 他人の権利を尊重し，社会生活における同情の価値を理解実践させる．③ 礼儀について認識を深める．④ 勝敗に対する正しい態度を養う．⑤⑥⑦⑧⑨⑩⑪⑫⑬ 略）
1953（昭和28）年　小学校学習指導要領　体育科編（試案）
＜体育科の位置＞体育科は，児童生徒の身体活動を，個人的な発達や社会的に望ましい生活に役立たせるための学習経験の組織であり，この独自のはたらきを通して，教育全般に貢献しようとする領域である． ＜一般目標＞(1) 身体の正常な発達を助け，活動力を高める．(2) 身体活動を通して民主的生活態度を育てる．(3) 各種の身体活動をレクリエーションとして正しく活用することができるようにする． ＜具体的目標＞（身体的目標）① 年令や性や個人差などに応じて適当な各類型の

> 身体的活動に習熟する．② 筋力・持久力などを発達させる．③ いろいろの場面で安全に身を処することができる．④ 身体的個癖をきょう正することができる．⑤ ⑥ ⑦ 略)
> (民主的態度の目標) ① 自主的態度をもち，他人の権利を尊重する．② 身体的欲求を正しく満足する．③ 建設的態度をもって，グループの計画や実施に協力する．④ グループにおいて自己の責任を果たす．⑤ リーダーを選び，これに協力する．⑥ ⑦ ⑧ ⑨ ⑩ ⑪ ⑫ ⑬ ⑭ 略)
> (レクリエーションの目標) ② レクリエーションとして適当な各種の身体活動の技能を上達させる．③ 各種の運動や催しに積極的に参加する．④ 各種の運動や催しを計画し，運営できる．⑤ 活動に必要な規制をつくり，運用できる（審判なども）．① ⑥ ⑦ ⑧ ⑨ ⑩ ⑪ ⑫ ⑬ ⑭ 略)

性格の育成．」

ここには，体育を「身体の教育」(education of the physical) とする考え方からの転換がはっきりと示されている．つまり，身体運動や衛生を手段として，心身の成長や健康の維持を含む教育の一般目標の達成に貢献できるという考え方である．この体育の考え方は，「身体を通しての教育」(education through the physical) といわれる．この立場では，各種の身体運動は教育の目標を達成するための手段とみなされる傾向を持つ．

この考え方は，体育が教育の目的・目標一般に貢献できることを主張したものであるが，たとえば「社会的性格」は表 1.1.1 にもあるように以下の 11 項目からなっている．

「① 明朗，② 同情─他人の権利の尊重，③ 礼儀，④ 誠実，⑤ 正義感─フェアプレー（中略），⑨ 法及び正しい権威に対する服従，⑩ 社会的責任を果たす能力，⑪ 状況に応じてよい指導者となり，よい協力者となる能力」

これらの目標は，体育独自の目標というよりは，道徳教育や社会科教育の目標と重なり合うものを多く含んでいることがわかるだろう．

さて，第二次世界大戦後の日本の教育改革全体に多大な影響を与えた，1946（昭和 21）年の第 1 次アメリカ教育使節団報告書は，「序論」で民主主義とは何かを説明する際に，次のように実例の一つとしてスポーツマンを挙げている．

「民主主義的な生き方の要素を少しも持ち合わせていないという国もなければ，またその要素をすべて備えた国があるわけでもない．競技を愛してプレーをするが，そのルールには従うというスポーツマンは，こうした生き方の良い例である」（村井実訳『アメリカ教育使節団報告書』講談社，1979, p.23).

この背後には，自らの自由意志で競技への参加や不参加を決め，競技力さえあれば，階層や階級，人種や民族にかかわりなく平等に競技に参加する権利を得ることができ，一度競技に参加すれば，その競技ごとに決められたルールという義務を守ってプレーするという行動が，スポーツマンの理想像として存在する．そして，その理想像が民主主義のキーワードである自由，平等，権利，義務を具体的に説明するために用いられている．

ただしここでは，非日常の競技の世界でのスポーツマンの行動の仕方が日常的な学校生活や社会生活での彼らの行動に簡単に転移すると考えられている．スポーツをすれば自動的にこれらのスポーツマンの理想像に近い人間が作られると考えるのはあまりに安易な発想だといわざるをえない．

3）子どもの学校生活と体育の授業との結合

1953年の要領は，表1.1.1に示したように「体育科は，児童生徒の身体活動を，個人的な発達や社会的に望ましい生活に役だたせるための学習経験の組織であり，この独自の働きを通して，教育全般に貢献しようとする領域である」と述べている．これは，教育の目的・目標一般に貢献できる「身体を通しての教育」という立場から，体育の概念をより明確に示したものである．また，体育科の目標は，「身体的目標」「民主的態度の目標」「レクリエーションの目標」という一般目標に加え，この3つを具体化した「具体的目標」が示された．

当時の日本の教育課程は，アメリカの進歩主義教育のカリキュラム観の強い影響のもとで，子どもの興味・関心や生活経験をカリキュラムの構成原理とし，学問や文化という教材の論理をそれらと対立するものとして軽視する傾向を生んだ．体育科の目標もその影響を強く受け，具体的目標にはスポーツや舞踊の種目の運動技能などは示されず，「年齢や性や個人差などに応じて適当な各類型の身体的活動に習熟する」など7項目（身体的目標），「グループにおいて自己の責任を果たす」「リーダーを選びこれに協力する」など14項目（民主

的態度の目標），「各種の運動や催しを計画し，運営できる」「レクリエーションとして適当な各種の身体活動について知識を持つ」など 14 項目（レクリエーションの目標）が挙げられた（表 1.1.1 参照）．

その結果，体育科の指導の中心は，「教材を教師の立場で完結した体系として与えるよりも，児童の生活に関した現実の問題を解決することにその重点をおき，問題解決の能力をつくる」ことに重点が置かれ，「身体活動の能力を持つことが終局目標ではなく，その能力をどのように使うか，どのように役立たせるかということがたいせつ」ということになる．具体的には，「児童の身体活動に対する必要性や，児童たちをとりまく地域社会の必要性」という問題を解決する能力をつけることが指導の中心とされるのである．

この児童の生活に関連した現実の問題の解決と学校の体育科との有機的な結合という観点は，生涯にわたって身体運動を楽しむことが課題となっている今日からみても意義のあるものである．しかしながら，この「生活体育」は，授業での運動技能の指導と学校や地域社会の現実の中にある体育やスポーツの問題解決の学習との関係をどう整理するのかという点を十分説明しきれていない弱点を抱えていた．この弱点が，教師中心に運動技能を教え込む戦前の発想を復活させようとする人々に批判され，運動技能を系統的に教えることを目標の中心とする「系統主義」が登場することになる．結局，一般には体育科の授業で運動技能の練習や試合の運営を指導し，その成果を校内競技大会や運動会などの体育行事に生かすといった「行事単元」として普及するにとどまった．

4. 学習指導要領の性格の転換と教科の系統性の模索

（1） 1958 年要領における法的拘束力の強化
1）運動能力の系統的指導の強調

これまでの要領は，「試案」の文字が表紙に印刷された教師の参考書として出版されてきたが，官報に告示された 1958（昭和 33）年の要領は，行政解釈によれば，教師が従わねばならない法的拘束力を持つ文書に転換したとされた．その法律的な根拠は，学校教育法施行規則で，小学校の教育課程につい

て，「教育課程の基準として文部大臣が別に公示する小学校学習指導要領による」と規定された条文にあると説明された．この要領の性格の転換は，戦後の民主的改革を否定したサンフランシスコ講和条約（1951年）以後の一連の復古的な教育行政，いわゆる「教育の逆コース」によりもたらされたものである．

1958年の要領では，4つある目標の最初の2つに「基礎的な運動能力を養い，心身の健全な発達を促し，活動力を高める」「各種の運動に親しませ，運動の仕方や技能を身につけ，生活を豊かにする態度を育てる」とあるように，「基礎的な運動能力」や「運動の仕方や技能を身につけ」るという運動技能の習得が体育科の中心的な目標であると強調された（表1.1.2参照）．

この変化を促した主な理由は以下の2点である．第1に，算数の計算力や漢字の書き取りといった子どもたちの「基礎学力の低下」が問題となり，教育界全体が子どもの興味や関心を中心にした問題解決の過程を構成原理とするカリキュラムから学問や文化という教材の系統を中心にカリキュラムを構成する方向に転換したためである．問題解決の学習を中心とした「生活体育」も，運動技能や体力を身につけさせているのかと批判された．

第2に，スポーツ界から学校体育に対して競技力や体力養成の期待があったことがある．ようやく日本は戦後の復興から立ち直り，スポーツ競技者も国際的なスポーツ大会に参加するようになったが，オリンピックで惨敗するなどの経験から，学校体育における基礎体力や運動技能の養成に期待が寄せられたのである．運動生理学などの科学的な研究が，スポーツ選手の体力づくりを意図的にコントロールする運動処方の研究などの成果を生みだしていたこともこの動きを後押しした．

教育界では，「道徳」を特設することに対する議論が盛んに行われ，戦前の徳目の注入である修身科の復活であるとの批判もなされた．この動きと符合したように，1953年の要領で目標とされていた「民主的生活態度」や「自主的態度」は，「進んで約束やきまりを守り，互いに協力して自己の責任を果たす」という決まりの遵守という目標に変化した．

そして，1958年の要領で教科の目標の第1にあげられた「基礎的な運動能

表 1.1.2 小学校学習指導要領（1958 年，1968 年）

目的・目標
1958（昭和 33）年　小学校学習指導要領（告示）
＜教科の目標＞① 各種の運動を適切に行わせることによって，基礎的な運動能力を養い，心身の健全な発達を促し，活動力を高める．② 各種の運動に親しませ，運動の仕方や技能を身につけ，生活を豊かにする態度を育てる．③ 運動やゲームを通して，公正な態度を育て，進んで約束やきまりを守り，互いに協力して自己の責任を果たすなどの社会生活に必要な態度を養う．④ 健康・安全に留意して運動を行う態度や能力を養い，さらに保健の初歩的知識を理解させ，健康な生活を営む態度や能力を育てる．目標②，③，及び④は主として運動を中心とする具体的な学習を通して達成されるものであるが，目標①は，これらの目標を目指して継続的な学習を行うことによって，初めて達成しうるものであるから，目標②，③及び④の指導の根底には，常に目標①が考慮されなければならない． ＜学年の目標＞第 1 学年　① 各種の簡単な運動を行わせることによって基礎的な運動能力を養う．② 誰とでも仲よくし，また，きまりを守って，楽しく運動を行う態度を育てる．③ 運動と関連した，健康・安全についてのきまりを守る態度や習慣を養う（5, 6 年には保健の目標が位置付く）．
1968（昭和 43）年　小学校学習指導要領（告示）
＜総則　第 3 体育＞健康で安全な生活を営むのに必要な習慣や態度を養い，心身の調和的発達を図るため，体育に関する指導については，学校の教育活動全体を通じて適切に行うものとする．特に，体力の向上については，体育科の時間はもちろん，特別活動においても，じゅうぶん指導するよう配慮しなければならない． ＜教科の目標＞（総括的目標）適切な運動の経験や心身の健康についての理解を通じて，健康の増進と体力の向上を図るとともに，健康で安全な生活を営む態度を育てる．（具体的目標）① 運動を適切に行わせることによって，強健な身体を育成し，体力の向上を図る．② 運動のしかたや技能を習得させ，運動に親しむ習慣を育て，生活を健全にし明るくする態度を養う．③ 運動やゲームを通じて，情緒を安定させ，公正な態度を育成し，進んできまりを守り，互いに協力して自己の責任を果たすなどの社会生活に必要な能力と態度を養う．④ 健康・安全に留意して運動を行う能力と態度を養い，さらに，健康の保持増進についての初歩的知識を習得させ，健康で安全な生活を営むために必要な能力と態度を養う． ＜各学年の目標＞第 1 学年　① 各種の運動を適切に行わせることによって調整力を養う（4 年で筋力・調整力，5, 6 年で筋力・調整力・持久力となる）．② 誰とでも仲よくし，きまりを守って，健康・安全に留意して運動を行う能力と態度を養う（5, 6 年には保健の目標が位置付く．）

カ」は，系統的に指導すべきとされた運動技能との関係を整理されることなく，一般にはいわゆる「体力」であると理解されることとなった．これが，1968年の要領に引き継がれ「体力」づくりを生む一要因となった．

2)「体力づくり」を強調した1968年要領

1968（昭和43）年の要領は，教科の「総括的目標」を「適切な運動の経験や心身の健康についての理解を通して，健康の増進と体力の向上を図るとともに，健康で安全な生活を営む態度を育てる」と示した．そして，「具体的目標」の第1項目に「運動を適切に行わせることによって，強健な身体を育成し，体力の向上を図る」と述べ，「体力の向上」について明示した．さらに，学校教育全体にかかわる説明をする「総則」の第3項に「体育」が設けられ以下のように「体力の向上」を重視した．

「体育に関する指導については，学校の教育活動全体を通じて適切に行うものとする．特に，体力の向上については，体育科の時間はもちろん，特別活動においても，じゅうぶん指導するよう配慮しなければならない」（表1.1.2参照）．

この「体力」は，図1.1.1にあるように，生命維持のための「抵抗力」と活動のための「行動力」に区分され，体育に期待される「行動力」はさらに「筋力」と「持久力」および「調整力」に分類された．「筋力」と「持久力」は自動車のエンジンのようにパワーを発揮する能力であり，「調整力」はギヤチェ

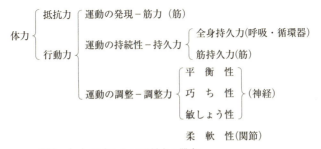

図1.1.1 体力の分類（文部省『小学校指導書 体育編』1969, p.12.）

ンジのようにパワーを制御する能力である．どのような運動もこのパワーの発揮と制御の両側面が必要となる．しかしながら，結局，学校では向上の結果が見えやすい「筋力」や「持久力」をつけることに関心が向くことになった．

　学習指導要領は法的拘束力を持つと強調されたため，大多数の学校で朝会や昼休みの時間に縄跳びや腕立て伏せなどの運動を用いて「業間体育」と呼ばれる「体力づくり」が行われた．休み時間の自由な遊び時間を奪われた結果，子どもたちの中には「運動は好きだが体育はきらい」という声が多く聞かれるようになった．体育科の授業でも「体力づくり」が強調され，実践記録の中には「終了のチャイムが鳴って立っているようではだめだ」つまり，疲れて立てなくなるまで運動させなくてはならないという会話が職員室で交わされたと報告されている（長谷川亨「体力の伸ばし方とその実態」『学校体育』1970, 1）．

　そもそも教科指導は，教材を手段として知識や技能を教え，その知識や技能の習得の過程に併行して子どもの意欲や関心さらには態度や体力を育てていくものと理解される．授業で縄跳びを教材として教える場合，授業で教師が教えることは，縄の回し方や足のあげ方という動作の手続きの知識であり，縄を跳び越す時に自分の体の位置の変化をイメージするという運動経過の表象である．その知識や表象を教えるために，教師は運動の模範を示したり技のコツをことばで説明したりするのである．

　もちろん子どもにとって体力をつけることは体育科の大切な目標のひとつである．ただし，その目標を実現するために教科指導では何をすべきなのだろうか．体力は，直接教えるものではなく，運動した結果として子どもたちの身につくものと考えるべきなのではないだろうか．また，自分で体力をつける方法を子どもに教えなければ，学校卒業後はすぐに体力が落ちてしまう．授業で教師が教えることが可能であり，必要な目標は，体力そのものではなく体力のつけ方の知識や技能であろう．たとえば，心拍数などの量的指標を用いて，運動負荷の量をコントロールする運動処方の知識や技能を教えることである．

　単元や授業という具体的レベルで授業を作る時は，目標の内容的側面である運動の知識や技能，そして体力づくりに必要な知識や技能を授業のねらいとして構成しないと，子どもの学習の課題を明確にできないし，系統を持った単元

が構成できない．同時に，運動技能の系統や体力づくりの知識や技能の系統をもとに作られた単元の過程で，目標の能力的側面である「楽しさ」や「体力」が併行的に形成されていることをおさえておくことが必要である．

ところが1968年要領では，「基礎的な運動能力」という子どもの能力とスポーツ種目や舞踊の持つ内容である「運動技能」を直接対応するものと考えていた．この両者を短絡的に結びつけた結果，持久力をつけるために簡単な縄跳びの技をできるだけ長く繰り返させるなど，運動量を確保するためだけのトレーニングのような授業が流行することになってしまったのである．

(2)「生涯スポーツ」にこたえるための「楽しさ」の重視
1)「楽しさ」を重視した1977年要領

1977（昭和52）年に告示された要領は，「適切な運動の経験を通して運動に親しませる」「楽しく明るい生活を営む態度を育てる」（教科の目標），「各種の運動の楽しさを体得する」（各学年の目標）とあるように，「運動の楽しさ」を重視する方向を明確にした．これは，運動をすることで子どもの欲求を充足させ，運動をすることが「楽しい」という態度を子どもに持たせることで，学校外や学校卒業後でのスポーツや身体運動の活動に積極的に従事させようとする「生涯スポーツ」の実現を，意図したものであった（表1.1.3参照）．

この背景には，1960年代から70年代を通じた日本経済の高度成長の結果，広範な大衆がその余暇時間をスポーツなどの身体運動に費やす可能性が生まれ，豊かな生活をおくるための方法として学校外や学校卒業後におけるスポーツ活動への参加に期待が高まった事実があった．この方向は，「みんなのためのスポーツ（sports for all）」というスローガンをもって展開された国際的な大衆スポーツの実現を願う運動と一致していた．

また，スポーツや舞踊などの身体運動そのものが持つ文化的特性の研究も進展し，「運動の特性」が，1. 価値（文化財固有の目的的価値や手段的価値），2. 機能（主体から見た欲求や必要充足という効果や意味），3. 構造（技術やルールという枠組み）という側面を含むことが明らかにされた．この文化的特性が，身体運動そのものの内在的価値であり，この内在的価値そのものを体育

の目標とみなせるという主張があらわれた．この考え方は「運動の教育」や「運動文化論」という新しい体育の考え方である．

　1977年の要領の目標には，この「運動の教育」の考え方と運動を手段として「健康の増進と体力の向上」を目標とする「身体を通しての教育」の考え方が混在している．つまり，「運動の楽しさを体得する」という目標には，運動の内在的価値から生まれる「運動の楽しさ」自体を体育の目標とする「運動の教育」の考え方が現れている．同時に，「健康の増進及び体力の向上を図り」という目標は，「身体を通しての教育」，つまり身体運動を手段として用いることにより健康や体力という教育的な価値を実現する考え方を背景に持っている．

　体育科の授業で子どもが「楽しい」と感じることはとても大切なことである．しかしながら，「楽しい」か「楽しくない」かは，子どもの主観的で情意的なものであり，運動の知識や技能とは異なって学習の到達点を示すことができない方向目標としての性格を持っている．教科の総括的な目標として「楽しさ」が強調されることは大切だが，子どもの「楽しさ」から単元や授業を計画するために必要な子どもの運動課題を導き出すことは困難である．このことが理解されず，子どもの「楽しさ」を単元や授業レベルの目標の中心とする誤解が生まれ，運動技能を身につけるという目標を軽視する傾向を生んでしまった．

2）「めあて学習」を流布させた1989年要領

　1989（平成元）年要領は，1977年要領の「楽しさ」を重視する路線を引き継いだ．ただし，1977年要領の「楽しさ」の強調が，子どもが楽しければよいという解釈を生んだことが問題となった．そこで「各種の運動の楽しさを体得するとともに，その特性に応じた技能を養い，体力を高める」（1977年要領，高学年）とされた「学年の目標」が，1989年要領では「各種の運動の楽しさや喜びを味わうことができるようにするとともに…」と変更された．これは，「その特性に応じた技能を養」うことにより，「運動の楽しさ」だけでなく「喜び」まで子どもを高める必要があることを示したと説明された（表1.1.3参照）．

4. 学習指導要領の性格の転換と教科の系統性の模索

表 1.1.3 小学校学習指導要領（1977, 1989, 1998 年）

目的・目標
1977（昭和52）年　小学校学習指導要領（告示）
＜教科の目標＞適切な運動の経験を通して運動に親しませるとともに，身近な生活における健康・安全について理解させ，健康の増進及び体力の向上を図り，楽しく明るい生活を営む態度を育てる． ＜各学年の目標＞第1学年　① 各種の基本の運動及びゲームを楽しくできるようにし，体力を養う．② 誰とでも仲よくし，健康・安全に留意して運動する態度を育てる． 第5学年　① 各種の運動の楽しさを体得するとともに，その特性に応じた技能を養い，体力を高める．② 協力・公正などの態度を育てるとともに，健康・安全に留意し，自己の最善を尽くして運動する態度を育てる．③ 身体の発育及びけがの防止について理解させ，健康の増進及び安全な生活ができる能力と態度を育てる（他の学年は略）．
1989（平成元）年　小学校学習指導要領（告示）
＜教科の目標＞適切な運動の経験と身近な生活における健康・安全についての理解を通して，運動に親しませるとともに健康の増進と体力の向上を図り，楽しく明るい生活を営む態度を育てる． ＜学年の目標＞第1学年及び第2学年　① 基本の運動及びゲームを楽しくできるようにするとともに，体力を養う．② だれとでも仲よくし，健康・安全に留意して運動をする態度を育てる． 第5学年及び第6学年　① 各種の運動の楽しさや喜びを味わうことができるようにするとともに，その特性に応じた技能を身につけ，体力を高める．② 協力，公正などの態度を育てるとともに，健康・安全に留意し，自己の最善を尽くして運動する態度を育てる．③ 体の発育と心の発達，けがの防止，病気の予防及び健康な生活について理解できるようにし，健康で安全な生活を営む能力と態度を育てる（中学年は略）．
1998（平成10）年　小学校学習指導要領（告示）
＜教科の目標＞心と体を一体としてとらえ，適切な運動の経験と健康・安全についての理解を通して，運動に親しむ資質や能力を育てるとともに，健康の保持増進と体力の向上を図り，楽しく明るい生活を営む態度を育てる． ＜学年の目標＞第1学年及び第2学年　① 基本の運動及びゲームを簡単なきまりや活動を工夫して楽しくできるようにするとともに，体力を養う．② だれとでも仲よくし，健康・安全に留意して運動をする態度を育てる． 第5学年及び第6学年　① 各種の運動の課題を持ち，活動を工夫して計画的に行

うことによって，その運動の楽しさや喜びを味わうことができるようにするとともに，その特性に応じた技能を身に付け，体力を高める．②協力，公正などの態度を育てるとともに，健康・安全に留意し，自己の最善を尽くして運動をする態度を育てる．③けがの防止，心の健康及び病気の予防について理解できるようにし，健康で安全な生活を営む資質や能力を育てる（中学年から保健の目標が位置付く．中学年は略）．

　運動技能を身につけることを軽視する傾向を生んだ理由は，教科の目標として「楽しさ」が強調されたことに加え，目標の内容的側面である各種の「運動の特性」把握が「機能的特性」に偏ったことにある．先に述べたように「運動の特性」は，本来価値と機能と構造の3つの側面を持つが，実際には子どもから見た欲求や必要充足，つまり「機能的特性」の側からのみ捉える傾向が生じた．そのために，子どもの欲求になりにくい動作以外の戦術や競争様式，さらにはルールの発展などを理解するという目標を設定することを避ける傾向を生んでしまったのである．

3）「心と体を一体として」とらえる1999年要領

　1999（平成11）年に告示された要領では，教科の目標の冒頭に「心と体を一体として」とらえるという記述が挿入された．「心と体を一体として」の挿入は，子どもたちの生育環境の急激な変化による子どもの体力や運動能力の慢性的な低下，仲間と関わる経験の現象による社会性の低下，敵対的競争を余儀なくされる学歴社会の中でのストレスの増大という学校全体が抱える子どもの「心と体」の問題状況に体育科が寄与することを前面に押しだしたものとされる．

　ただし，この問題の解決に体育科が貢献できる目標は当然限定される．つまり，1989年の要領と同じく，教科の目標として並べて示された「運動に親しむ資質や能力の育成」と「健康の保持増進」と「体力の向上」である．社会的要請を受けスローガンとして掲げられている「心と体を一体として」と，この3つの目標とはレベルの異なるものと理解すべきである．

　さらに，従来の「運動に親しませる」という表現が「運動に親しむ資質や能力の育成」に変化している点に注意が必要である．この変化は，学年の目標の

4. 学習指導要領の性格の転換と教科の系統性の模索　19

変化と対応している．つまり1989年の要領では，学年の目標の第1に書かれていた「各種の運動の楽しさや喜びを味わう」がこの改訂では「各種の運動の課題を持ち，活動を工夫して計画的に行うことによって，その運動の楽しさや喜びを味わうことができる」と変化している．「運動の課題を持ち，活動を工夫して計画的に行う」とは自分の運動の課題を決め，その課題の練習方法を工夫して実行するという体育科の学習技能にあたるものを「学び方」として目標としたものである．目標に教科固有の学習技能を置くことは，社会科の資料の調べ方や理科の実験の仕方などと同じで大切と思われる．ただし，単元や授業レベルでは，どのような技能の内容を学ぶのかということと結びつけた「学び方」を目標とすることが必要である．各種目独自の技能の系統性に裏付けられた内容を伴わない「学び方」の重視は，子どもの運動技能の向上を欠落させる危険をはらんでいるからである．

(3) 体育科の目標と指導内容の関係の問い直し
1)「運動に親しむ資質や能力の基礎」の重視と子どもの「体力低下」への対応

　2008（平成20）年3月に告示され2011年4月から全面的に実施された要領と1999年要領の「教科の目標」を比較すると，「…運動に親しむ資質や能力を育てるとともに…」が，「…生涯にわたって運動に親しむ資質や能力の基礎を育てるとともに…」（傍点筆者）に変更され，傍点を付けた「生涯にわたって」と「の基礎」が付け加えられたことがわかる（表1.1.3と表1.1.4参照）．「生涯にわたって」が加わった理由は，「生涯にわたって健康を保持増進し，豊かなスポーツライフを実現する」という「生涯スポーツ」の理念が変更されていないことを確認するためである．また「運動に親しむ資質や能力」に「の基礎」が付け加わった理由は，「運動への関心や自ら運動する意欲，各種の運動の楽しさや喜び，その基礎となる運動の技能や知識など，生涯にわたって運動に親しむ資質や能力の育成が十分に図られていない」（傍点筆者．中央教育審議会答申「幼稚園，小学校，中学校，高等学校及び特別支援学校の学習指導要領等の改善について」2008年1月）とあるように，「その基礎となる運動の技能や

知識など」の指導を改善するためである.

「その基礎となる運動の技能や知識など」の改善は，低学年と中学年の「運動領域」の変更に大きくあらわれた．つまり，1977年の要領以降30年続いた「基本の運動」が廃止され，低学年を「体つくり運動」,「器械・器具を使っての運動遊び」,「走・跳の運動遊び」,「水遊び」,「ゲーム」及び「表現リズム遊び」で構成し，中学年を「体つくり運動」,「器械運動」,「走・跳の運動」,「浮く・泳ぐ運動」,「ゲーム」及び「表現運動」で構成したのである．これは，「各学年の系統性を図る」とともに，「低学年，中学年及び高学年において，児童に身に付けさせたい具体的な内容を明確に示す」(文部科学省「小学校学習指導要領解説体育編」2008年) ための変更である.

低学年の「器械・器具を使っての運動遊び」は，中高学年の「器械運動」へつながり，低学年の「走・跳の運動遊び」と「水遊び」は，中学年の「走・跳の運動」と「浮く・泳ぐ運動」へ，さらには高学年の「陸上運動」と「水泳」につながるとされた．つまり，運動領域の「運動の技能や知識など」の系統の強調から「運動領域」が変更されたのである．1977年の要領以降「楽しさ」を強調した結果,「運動の技能や知識など」の系統的指導が軽視されてきた点が見直されたのである．もちろん，例えば「走・跳の運動遊び」と「走・跳の運動」と「陸上運動」は，名称が異なるだけでなく発達の段階に応じて学ぶ内容も異なるので指導計画を作成する際にその点を留意した目標の設定が必要である.

さらに従来高学年のみにあった「体つくり運動」が，低中学年に必修領域として置かれた．もちろん従来の「基本の運動」の内容にあった「力試しの運動遊び」と「力試しの運動」はこの「体つくり運動」で教えられる．ただし，唯一「体つくり運動」のみが小学校1年生から高等学校3年生まですべて必修の「運動領域」とされたことからすれば，この変更は「子どもの体力の低下傾向が依然深刻」(中央教育審議会答申，2008年1月) という問題に対応した処置といえるであろう.

しかしながら我々は,「筋力」や「持久力」の養成のために授業で運動量を増加させることのみを重視したり，朝の会や昼休みを「業間体育」として子ど

表 1.1.4　小学校学習指導要領（2008, 2017 年）

2008（平成 20）年　小学校学習指導要領（告示）
＜教科の目標＞心と体を一体としてとらえ，適切な運動の経験と健康・安全についての理解を通して，生涯にわたって運動に親しむ資質や能力の基礎を育てるとともに健康の保持増進と体力の向上を図り，楽しく明るい生活を営む態度を育てる． ＜学年の目標＞第 1 学年及び第 2 学年　①簡単なきまりや活動を工夫して各種の運動を楽しくできるようにするとともに，その基本的な動きを身に付け，体力を養う．②だれとでも仲よくし，健康・安全に留意して意欲的に運動をする態度を育てる． 第 5 学年及び第 6 学年の目標　①活動を工夫して各種の運動の楽しさや喜びを味わうことができるようにするとともに，その特性に応じた基本的な技能を身に付け，体力を高める．②協力，公正などの態度を育てるとともに，健康・安全に留意し，自己の最善を尽くして運動をする態度を育てる．③心の健康，けがの防止及び病気の予防について理解できるようにし，健康で安全な生活を営む資質や能力を育てる．（中学年から保健の目標が位置付く．中学年は略．）
2017（平成 29）年　小学校学習指導要領（告示）
＜教科の目標＞体育や保健の見方・考え方を働かせ，課題を見付け，その解決に向けた学習過程を通して，心と体を一体として捉え，生涯にわたって心身の健康を保持増進し豊かなスポーツライフを実現するための資質・能力を次のとおり育成することを目指す．(1) その特性に応じた各種の運動の行い方及び身近な生活における健康・安全について理解するとともに，基本的な動きや技能を身に付けるようにする．(2) 運動や健康についての自己の課題を見付け，その解決に向けて思考し判断するとともに，他者に伝える力を養う．(3) 運動に親しむとともに健康の保持増進と体力の向上を目指し，楽しく明るい生活を営む態度を養う． ＜学年の目標＞第 1 学年及び第 2 学年　(1) 各種の運動遊びの楽しさに触れ，その行い方を知るとともに，基本的な動きを身に付けるようにする．(2) 各種の運動遊びの行い方を工夫するとともに，考えたことを他者に伝える力を養う．(3) 各種の運動遊びに進んで取り組み，きまりを守り誰とでも仲よく運動をしたり，健康・安全に留意したりし，意欲的に運動をする態度を養う． 第 5 学年及び第 6 学年の目標　(1) 各種の運動の楽しさや喜びを味わい，その行い方及び心の健康やけがの防止，病気の予防について理解するとともに，各種の運動の特性に応じた基本的な技能及び健康で安全な生活を営むための技能を身に付けるようにする．(2) 自己やグループの運動の課題や身近な健康に関わる課題を見付け，その解決のための方法や活動を工夫するとともに，自己や仲間の考えたことを他者に伝える力を養う．(3) 各種の運動に積極的に取り組み，約束を守

> り助け合って運動をしたり，仲間の考えや取組を認めたり，場や用具の安全に留意したりし，自己の最善を尽くして運動をする態度を養う．また，健康・安全の大切さに気付き，自己の健康の保持増進や回復に進んで取り組む態度を養う．（中学年から保健の目標が位置付く．中学年は略．）

もから休憩時間を奪った 1968 年の要領の失敗を踏まえる必要がある．つまり，体力は直接教える内容ではなく運動した結果，子どもたちに身につく能力と考えるべきなのである．教師が授業でできることは，子どもが自分たちで運動のコツを考えながら練習して運動技能を身につけるように指導することである．運動のコツに気づいて運動ができるように友だちと一緒に励まし合って練習した子どもたちは，運動することに「楽しさ」や意欲を持ち，授業以外の休憩時間や放課後の自由時間に継続的に運動するようになる．その結果，子どもたちの運動の機会が保障され体力の向上が見られるようになるのである．もちろんそのためには，子どもたちが授業以外に運動ができる運動施設や指導者，さらには自由時間を確保する努力が教師や保護者，地域社会に求められる．

2）「育成を目指す資質・能力」から体育科の目標を提示

表 1.1.4 にあるように，2017（平成 29）年 3 月に告示された要領について，最も大きな変更は，「運動に関する『知識・技能』」「健康に関する『知識・技能』」（中央教育審議会答申「幼稚園，小学校，中学校，高等学校及び特別支援学校の学習指導要領等の改善及び必要な方策等について」2016.12, p. 188.）というように，運動の「知識」と健康の「技能」が小学校の目標に加えられたことである．それは，表 1.1.4 にあるように，以下の教科目標の第 1 に反映している．

「（1）その特性に応じた各種の運動の行い方及び身近な生活における健康・安全について理解するとともに，基本的な動きや技能を身に付けるようにする．」

体育については，「その特性に応じた各種の運動の行い方」という「知識」の理解と，「基本的な動きや技能を身に付けること」がセットで示されたのである．同じように，保健については，「身近な生活における健康・安全につい

て理解する」ことと健康に関する「技能を身につける」こと，つまり「わかる」ことと「できる」ことがセットで示されたのである．体育では「運動の行い方」をわかることと「基本的な動き」を身に付けることを関連して指導すること，保健では健康・安全について理解する」ことと健康に関する「技能を身につける」ことを関連して指導することが求められたといえる．

　2017（平成29）年3月に告示された要領において，体育科の各学年の指導内容に大きな変更はない．ただし，「第3指導計画の作成と内容の取扱い」に今回の改訂のキーワードである「児童の主体的・対話的で深い学び」の実現のために，「運動や健康についての自己の課題を見付け，その解決のための活動を選んだり工夫したりする活動の充実を図ること．また，運動の楽しさや喜びを味わったり，健康の大切さを実感したりすることができるよう留意すること．」と新たに示された．

　「運動や健康についての自己の課題を見付け，その解決のための活動を選んだり工夫したりする活動」を，「わかる」ことと「できる」ことを関連して指導するという先の目標から考えてみよう．体育で運動について自己の課題を見つけるためには，「運動の行い方」を「わかる」ことが必要である．そしてその知識を活用して，子どもたち同士で相談し練習の仕方を工夫する．ここで「言語活動」を行うことで「思考力・判断力・表現力」を育成することができる．そして，工夫した練習を行うことで，「基本的な動き」という技能を身につけることが「できる」ようになるのである．

　また，このような「わかる」ことと「できる」ことを結びつけた課題解決的な授業を実現するために，「第3指導計画の作成と内容の取扱い」において，「運動を苦手と感じている児童や，運動に意欲的に取り組まない児童への指導を工夫する」ことや「障害のある児童などへの指導の際には，周りの児童が様々な特性を尊重するよう指導すること．」が求められた．

　さらに，「コンピュータや情報通信ネットワークなどの情報手段を積極的に活用」することが指摘されている．タブレット端末で子ども同士がお互いの運動を撮影し各自の運動のできばえを視聴する学習は，運動について自己の課題を見つけて練習するために効果的である．ただし，子どもが動画を観察するポ

イントを知らなければ，この学習の効果は上がらないことに注意すべきである．運動を「わかる」ことと「できる」ことがここでも関連しているのである．

　法的拘束力を持つとされている2017（平成29）年3月に告示された要領は，目標と指導内容のみならず，このような指導の方法まで示すことになった．これらの記述が標準となり，現場の教師の自由で創造的な授業方法を抑圧することが危惧される．

引用・参考文献
1．井上一男（1970）学校体育制度史　増補版．大修館書店．
2．内海和雄（1984）体育科の学力と目標．青木書店．
3．岡津守彦編（1969）戦後日本の教育改革7　教育課程（各論）．東大出版．
4．木原成一郎編著（2014）体育授業の目標と評価．広島大学出版会．
5．小林一久（1995）体育授業の理論と方法．大修館書店．
6．竹田清彦・高橋健夫・岡出美則編著（1997）体育科教育学の探究．大修館書店．
7．中村敏雄編（1997）戦後体育実践論　全3巻．創文企画．
8．京都の体育科到達度評価の実践編集委員会編（1982）京都の体育科到達度評価の実践．地歴社．

第2章 体育科の指導計画

1. はじめに

　授業をはじめ，教育活動は意図的，計画的な営みであることから，指導計画が重要な位置を占めている．よい指導計画なくしてよい授業は成立しない，といっても過言ではないだろう．教育目標の実現に向けて，種々の条件を考慮した指導計画が作成されていなければ，授業が円滑に進められ，子どもたちの学習成果を保障することはできない．特に，体育科では児童数，施設，用具，天候等の諸条件が他の教科以上に指導計画に大きく影響する．

　指導計画は，教師個人がすべてを考案するものではない．文部科学省告示による学習指導要領の内容を受けて，各地方自治体が地域の実態に応じた教育計画・教育課程の指針を作成する．それらを踏まえ，各学校では管理職や教務主任，教科主任等により各教科等の年間指導計画が作成される．学級担任や教科担任としての各教師は，そのなかで単元計画や1単位時間の計画を行うことになる．さらに，支援を要する児童等に対しては，個人に対する指導計画を作成する場合もある．本章では，各学校，及び各教師が作成に携わる年間指導計画，単元計画，学習指導案について，計画作成の考え方や手順，ならびに考慮すべき事項について述べる．

2. 年間指導計画

(1) 年間指導計画とは

　年間指導計画とは，どのような内容（運動）を，どういう順序（配列）で，どのくらい（時間数）指導するか，各学校，各学年について年間の体育学習を見通したものである．年間指導計画は，単元計画や1単位時間の授業計画の前

提となるものであり，学校全体の体育の指導方針を含めた基本計画として体育主任等が中心となって作成する重要なものである．年間指導計画では，各単元の内容と配当時間を決め，それを時系列に配列し，年間の指導計画を作成することになる．年間指導計画は1年間の指導計画を作成することが一般的であるが，体育科では，各学年の目標や内容が2学年のまとまり（1・2学年，3・4学年，5・6学年）で示されており，そのなかで内容を弾力的に扱うことができるようになっている．したがって，1年間だけでなく，2年間を見通した指導計画や6年間を見通した指導計画の作成が求められる．さらに近年では，学校教育全体の教育目標（育成を目指す資質・能力）を設定し，それらを実現するために必要な各教科等の教育の内容を，教科等横断的な視点を持ちつつ，学年相互の関連を図りながら組織することが求められている．

（2） 年間指導計画の作成にあたって

年間指導計画の作成にあたっては，小学校学習指導要領の総則，及び各教科の解説書のなかで留意すべき事項が示されている．

2017年の学習指導要領では，子どもたちの姿や地域の実情を踏まえて，各学校が設定する学校教育目標を実現するために，学習指導要領等に基づき教育課程を編成し，それを実施・評価し改善していく「カリキュラム・マネジメント」の実現が求められている．

また体育科で留意すべき点として，「運動領域と保健領域の指導内容の関連を踏まえること」や，「体育・健康に関する指導につながる健康安全・体育的行事等との関連について見通しをもつこと」などが挙げられる．さらに，児童の主体的・対話的で深い学びの実現に向けた授業改善を推進するため，必要に応じて，地域の人的・物的資源等の活用を検討しておくことも大切である．特に，障害のある児童への支援や実生活へのつながりを充実する観点から，活用可能な人的・物的資源等との連携を図り，指導の充実につなげることが重要である．

1）学校全体の体育目標の確認

2017年の学習指導要領では，「学校における体育・健康に関する指導」につ

いて次のように示されている.

「学校における体育・健康に関する指導を,指導の発達の段階を考慮して,学校の教育活動全体を通じて適切に行うことにより,健康で安全な生活と豊かなスポーツライフの実現を目指した教育の充実に努めること.特に,学校における食育の推進並びに体力の向上に関する指導,安全に関する指導及び心身の健康の保持増進に関する指導については,体育科,家庭科及び特別活動の時間はもとより,各教科,道徳科,外国語活動及び総合的な学習の時間などにおいてもそれぞれの特質に応じて適切に行うよう努めること.また,それらの指導を通して,家庭や地域社会との連携を図りながら,日常生活において適切な体育・健康に関する活動の実践を促し,生涯を通じて健康・安全で活力ある生活を送るための基礎が培われるよう配慮すること.」(総則第1の3)

このように,体育・健康に関する指導は,学校の教育活動全体を通じて行うものとなっており,各教科や特別活動等とも関連を図りながら体育科の年間計画を作成していくことが求められている.そのためには,学校全体の体育目標やそれを実現するための体育科の指導計画,及び特別活動等の計画について全教職員が共通理解を深めることが重要である.また,学習指導要領には体育科の目標や学年の目標が示されているが,これらを機械的に引き取るだけでなく,児童の実態や学校・地域の実態に応じて,より具体的な体育目標として設定することが大切である.

2) 体育科の授業時数の取扱い

各教科等の年間授業時数は,学校教育法施行規則第51条において表1.2.1のように定められている.体育科の年間授業時数は,第1学年が102時間,第2学年から第4学年が105時間,第5・6学年が90時間であり,2008年の学習指導要領から変化はない.年間35週を基準に考えれば,1年生から4年生までは基本的に週に3時間の授業を実施することになる.5・6年生は年間の授業時数が90時間のため,週当たりの時数は2.5時間となり,学期ごとに他の教科や特別活動等と関連させながら時間割を考える必要がある.また,この年間授業時数のうち,保健領域の授業を3・4年生では2学年を通して「健康な生活」及び「体の発育・発達」について8時間,5・6年生では2学年を通し

表 1.2.1　各教科等の年間授業時数（学校教育法施行規則第 51 条　別表第 1）

区分	国語	社会	算数	理科	生活	音楽	図画工作	家庭	体育	外国語	特別の教科である道徳の授業時数	外国語活動の授業時数	総合的な学習の時間の授業時数	特別活動の授業時数	総授業時数
第1学年	306	/	136	/	102	68	68	/	102	/	34	/	/	34	850
第2学年	315	/	175	/	105	70	70	/	105	/	35	/	/	35	910
第3学年	245	70	175	90	/	60	60	/	105	/	35	35	70	35	980
第4学年	245	90	175	105	/	60	60	/	105	/	35	35	70	35	1015
第5学年	175	100	175	105	/	50	50	60	90	70	35	/	70	35	1015
第6学年	175	105	175	105	/	50	50	55	90	70	35	/	70	35	1015

て「心の健康」，「けがの防止」，及び「病気の予防」について16時間程度行うこととされている．このうち，「健康な生活」，「体の発育・発達」，「病気の予防」については，運動領域との関連を重視する観点から，運動に関する内容が充実して示されている．保健領域の学習についても，運動領域の学習との関連を図りながら計画的に時間を配当することが重要である．

3）授業の1単位時間の工夫

年間の授業時数に関連して，授業の1単位時間の運用の仕方についても考える必要がある．このことについて，学習指導要領には次のように示されている．

「各教科等のそれぞれの授業の1単位時間は，各学校において，各教科等の年間授業時数を確保しつつ，児童の発達の段階及び各教科等や学習活動の特質を考慮して適切に定めること」（総則第2の3のウ（ア））

「各教科等の特質に応じ，10分から15分程度の短い時間を活用して特定の教科等の指導を行う場合において，教師が，単元や題材など内容や時間のまとまりを見通した中で，その指導内容の決定や指導の成果の把握と活用等を責任

を持って行う体制が整備されているときは，その時間を当該教科等の年間授業時数に含めることができる」

このように，一般に小学校の1単位時間は45分間で設定されることが多いが，児童の発達の段階や各教科等や学習活動の特質を考慮しながら，弾力的に運用することも可能である．

4）単元構成と配列

2017年の学習指導要領では，各運動領域の内容が表1.2.2のように示されている．体育科の内容は基本的に低・中・高学年の3段階で示され，各学年での運動の取り上げ方に弾力をもたせることができるようになっている．例えば，高学年の陸上運動では，第5学年で走り幅跳びを行い，第6学年で走り高跳びを行ってもよいし，第5学年で両方を実施し，第6学年ではいずれかを選択して行ってもよい．したがって，地域や学校の実態を考慮するとともに，個々の児童の運動経験や技能の程度などに応じて，どの運動（運動遊び，運動種目）をどの学年で取り上げるか，単元の構成や配列に一層の創意工夫が求められる．

こうした単元構成や単元配列を考えるにあたっては，次のような点に留意する必要がある．

① 各運動種目の単元の構成や配列をするにあたっては，2学年のまとまりで示された目標や各領域の内容を検討し，児童の実態や発達段階に応じてどの運動（運動遊び，運動種目）を2学年にわたって指導するのか，あるいは2学年に分けて指導するのか十分考慮する．
② 各学年の各運動領域の調和を図るとともに，6年間の見通しに立った各運動領域の調和を図り，一部の領域の内容に偏ることなくすべての領域がバランスよく行えるように留意する．
③ 地域や学校，施設，用具，器具など，学校の実情を十分考慮する．

加えて体育科は「季節教科」ともいわれ，年度初めの4月から年度末の3月にかけて，単元の構成や配列において気候や学校行事等の影響を受けることになる．通常，プールで行われる水泳学習は6月から7月に実施されるし，運動会シーズン前には表現運動系や陸上運動系の授業が行われることも多い．また

表1.2.2　小学校体育科の領域構成と内容

1年	2年	3年	4年	5年	6年
【体つくり運動】					
体ほぐしの運動		体ほぐしの運動		体ほぐしの運動	
多様な動きをつくる運動遊び		多様な動きをつくる運動		体の動きを高める運動	
【器械・器具を使っての運動遊び】		【器械運動】			
固定施設を使った運動遊び					
マットを使った運動遊び		マット運動		マット運動	
鉄棒を使った運動遊び		鉄棒運動		鉄棒運動	
跳び箱を使った運動遊び		跳び箱運動		跳び箱運動	
【走・跳の運動遊び】		【走・跳の運動】		【陸上運動】	
走の運動遊び		かけっこ・リレー		短距離走・リレー	
		小型ハードル走		ハードル走	
跳の運動遊び		幅跳び		走り幅跳び	
		高跳び		走り高跳び	
【水遊び】		【水泳運動】			
水の中を移動する運動遊び もぐる・浮く運動遊び		浮いて進む運動 もぐる・浮く運動		クロール	
				平泳ぎ	
				安全確保につながる運動	
【ゲーム】				【ボール運動】	
ボールゲーム 鬼遊び		ゴール型ゲーム		ゴール型	
		ネット型ゲーム		ネット型	
		ベースボール型ゲーム		ベースボール型	
【表現リズム遊び】		【表現運動】			
表現遊び		表現		表現	
リズム遊び		リズムダンス			
				フォークダンス（日本の民謡を含む）	
		【保健】			
		健康な生活	体の発育・発達	心の健康 けがの防止	病気の予防

年度初めには集団づくりを意図した運動が配列されることもある．このように，年間を通した指導計画では，自然条件の影響を考慮しつつ，学校行事等との関連や時期に応じた教育的意図を踏まえる必要がある．

（3） 年間指導計画の作成手順

以上の点を踏まえながら，年間指導計画を作成するためには次のような手続きを踏むことになる．

① 学校の体育目標を確認する
② 体育の授業時数を決定する
③ 運動領域や運動種目を決定する
④ 単元の構成や単元の規模を決定する
⑤ 単元の配列を決定する

また，以下の点についても留意しておく必要がある．

○ 学校全体の目標や教科の目標との関連が明確であるか
○ 各学年の単元の配列がわかりやすく示されているか
○ 学校の教員や施設・用具等の条件にも対応できているか
○ 特別活動や総合的な学習の時間などの学校全体の体育に関する計画との関連が適切にとれているか

（4） 年間指導計画の様式

年間指導計画には特別の様式があるわけではないが，年間指導計画に書かれ

表1.2.3　年間指導計画の例（愛知県教育委員会，2002, p.34）

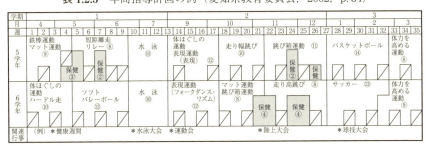

るべき内容として，単元の名称，実施する時期，単元の内容と配当時間が明記してあることが望ましい．自治体や学校ごとに様式を定めているところも多く，表計算ソフトなどで作成され保管されている．表1.2.3はその一例である．

3. 単元計画

（1） 単元計画とは

　単元（Unit）とは，一定の活動として児童が習得する内容や経験のまとまりを意味している．したがって，単元計画（Unit Plan）は，学習の内容が断片的にならないように，単元を単位にして作成される指導計画のことである．単元計画では，年間指導計画にあげられたそれぞれの単元を実際の授業においてどのように具体的に展開したらよいかが示される．したがって，単元計画は，年間指導計画の目標や方針を1単位時間ごとの学習指導につなぐ「展開計画」としての役割を担っている．単元計画には，教師の授業に対する考え方や単元で取り扱う運動の特性の捉え方，単元の目標（学習のねらい），学習過程（学習の道筋）などが具体的に示されることになる．

（2） 単元の性格

　単元の性格は，教材単元，行事単元，生活単元などに分類することができる．体育科では単元を運動種目でおさえるのが一般的であり，このような単元を教材単元と呼んでいる．一方，運動会など授業以外のいろいろな行事と結びつけて単元を構成したり，日常の生活や遊びと結びつけて単元の構成をしたりする場合もある．これらは，行事単元や生活単元と呼ばれている．どういった単元の考え方をとるかは，学校の方針や年間指導計画を作成する段階で検討しておかなければならない．

（3） 単元の構成

　単元を構成する際，1つの単元では，単一の教材（運動種目）を取り上げて構成するのが一般的である．しかし，小学校の場合，単一の教材（たとえば，

走種目）のみで単元を構成すると，体力的に負荷が大きくなりすぎたり，興味・関心を持続させることが難しかったりする場合がある．そのようなときは，特性の異なるいくつかの運動を組み合わせて単元を構成することが望ましい．これらは組み合わせ単元と呼ばれている．その際，子どもの発達的特性や学習の適時性を十分考慮し，たとえば主単元（重点単元）と副単元（非重点単元）で構成したり，体力的に負荷の強い種目と弱い種目で構成したりするなどの工夫が必要である．なお，組み合わせ単元を用いないで，授業時間を弾力的に活用し，時間割を工夫することで学習効果を高めていくこともできる．

（4） 単元の規模

単元の規模とは，1つの単元にどのくらいの時間を配当するかという単元の大きさを意味している．これは，単元の性格や単元の構成の仕方，あるいは運動領域や運動種目によって左右されたり，児童の発達段階によっても違ってくる．一人ひとりの児童に運動の楽しさや喜びを味わわせようとすれば，運動能力や興味・関心および学習速度などの個人差を吸収できるように時間的にゆとりのある単元を構成する必要がある．

（5） 単元計画の作成にあたって

単元計画を作成する段階では，すでに述べた単元の構成や単元の規模などの基本的な条件は，年間指導計画の段階で方向づけられている．したがって，単元計画の作成にあたっては，単元を通した具体的な目標や内容および学習の展開の仕方などが必要になってくる．以下，単元計画を作成する際に特に重要と思われる事項をあげておく．

1） 単元目標（学習のねらい）を明確にする

単元は子どもが習得する学習や経験のまとまりであることから，その単元では何をねらって，どのように指導すればよいか，単元の目標（学習のねらい）が明確にされていなければならない．そのためには，まず学校全体の体育目標との関連や年間指導計画のなかの位置づけを確認する必要がある．また，学習指導要領の体育科の目標や学年目標，あるいは運動領域の目標や内容とも関連

させて考えなければならない．ただし，学習指導要領に示された目標を羅列的に記載するのではなく，子どもの実態に応じて，具体的でしかも実現可能な目標を設定することが大切である．目標は子どもが学習の方向や進め方を理解できるようにわかりやすく具体的に示されていることが望ましい．近年では，目標と評価の一体化を図るために，指導要録の観点別学習評価の項目である「知識・技能」，「思考力・判断力・表現力等」，「主体的に学習に取り組む態度」などの観点から3から5個程度の箇条書きで具体的な目標を示すことが多い．

2）運動の特性を明確にする

単元計画を作成するにあたって，単元を構成する運動がどのような特性をもっているかを明確にすることが重要である．運動の特性は「構造的特性」「機能的特性」「効果的特性」といった視点からとらえることができる．運動の構造的特性とは，教材に含まれる運動技術や戦術などの構造をとらえる視点である．例えば，ゴール型ゲームの場合，単元で行おうとするゲームではどのような「身体操作」，「ボール操作」，「ボールを持たないときの動き」等が求められるのか，マット運動の場合でいえば，単元で扱う技にはどのような運動課題があり，そこに至るまでにどのような運動感覚を経験しておく必要があり，またその次の段階にはどのような技に発展していくのか，という技術構造の系統をとらえる作業である．これらの特性は「一般的特性」とも呼ばれ，客観的に存在する運動・スポーツ（素材）の論理について分析する作業であるので，比較的共通にとらえることができる特性である．他方，運動の機能的特性とは，子どもの側からみた教材の特性のことを指す．子どもがその教材に出会った際に，どこに面白さや魅力を感じるのか，またどこに恐怖心や抵抗を感じるのかをとらえるものである．例えば，ネット型ゲーム（ソフトバレーボール等）は何が楽しい教材であるかという問いには，様々な回答がある．「ラリーを続けることが楽しい」という解釈もあれば，「アタックを決める（ラリーを破る）ことが楽しい」という解釈もある．さらには「レシーブ」や「トス」に面白さを見いだす場合も考えられる．このように，学習者の論理に基づいて教材を分析することが機能的特性をとらえる視点であり，単元計画においては，これら構造的特性と機能的特性を十分に研究しておく必要がある．さらに，効果的特

性というとらえ方もある．効果的特性とは，単元で扱う運動が子どもの体力的諸要素にどのような影響を及ぼすかをとらえる視点である．この運動を通して，俊敏性を高めることが期待されるとか，全身持久力の向上につながる，といった具合である．体力を高めることを直接のねらいとしない運動領域においても，関連して高まる体力について整理して示される場合がある．

3）学習過程の見通しを明確にする

単元の目標を達成するために，学習内容や学習活動が断片的にならないようにまとまりのある学習の道筋を立てる必要がある．学習過程は学習のねらいを達成するための内容の順序性をもった合理的な学習の道筋であり，ねらいに近づくための学習の段階を示すものである．

2017年の学習指導要領では，子どもたちが，学習した内容を人生や社会の在り方と結び付けて深く理解し，これからの時代に求められる資質・能力を身に付け，生涯にわたって能動的に学び続けることができるようにするために，主体的・対話的で深い学びの実現に向けた指導改善を推進することが求められる．そこでは，基礎的な知識・技能を学習する活動と，それを活用して新たな学習課題を解決していく活動，学習を振り返り次につなげる活動をバランスよく組み合わせた学習指導過程の工夫が求められることになる．こうした視点を1単位時間のなかで，また単元の中で，さらには年間で取り入れていく必要がある．例えば，器械運動の場合，表1.2.4のように単元の前半では基本技の習得を共通の課題とし，単元後半にそれらを活用して発展技を子どもの関心や能力に応じて課題選択的に取り組ませる方法（ステージ型の学習過程）が考えられる．また，表1.2.5のように基本技の学習から出発し，漸増的に課題選択的

表 1.2.4　ステージ型の学習過程のモデル（高橋健夫ほか，2008，p.91）

ステップⅠ	ステップⅡ
導入運動（感覚づくりの運動）	
＜基礎学習＞ 　前転，後転，壁倒立，横跳び越しの習得を目指したスモールステップの学習	＜発展学習＞ 　発展技の課題選択学習

表1.2.5 スパイラル型の学習過程のモデル（高橋健夫ほか，2008，p.91）

ステップⅠ	ステップⅡ
導入運動（感覚づくりの運動）	
＜基礎学習＞ 　前転，後転，壁倒立，横跳び越しの習得を目指したスモールステップの学習	＜発展学習＞ 　発展技の課題選択学習

学習を取り入れていく方法（スパイラル型の学習過程）もある．習得と活用を一方向的にとらえるのではなく，活用するなかで知識・技能がさらに生きて働くものとして習得・習熟されていくものと考えることが重要である．単元の目標や子どもの実態に応じて，学習過程も「主体的・対話的で深い学び」の視点から創意工夫することが求められる．

（6）　単元を見通した指導と評価の計画の作成

　これまで述べてきた単元計画や単元構成の考え方をもとに，さらに指導と評価の一体化を図る観点から，単元を見通した指導と評価の計画を作成することも重要である．表1.2.6に示すように，単元の目標を達成するために，何時間を配当し，そのなかで具体的にどのような学習活動を組織するかを可視化することで，見通しを持った指導計画となる．また，単元目標に掲げた「知識・技能」，「思考力・判断力・表現力等」，「主体的に学習に取り組む態度」の各観点について，特に重点的に指導する場面はどこなのか（指導時期），それらについて重点的に評価を行う場面はどこなのか（評価時期）を明確にすることが重要である．指導時期と評価時期については，各目標の性格によって留意すべき事項がある．知識や思考・判断・表現等は，指導場面から時間をおかずに評価できるものである．それに対して技能は，指導場面からある程度習熟のための時間をおいて評価する必要がある．また態度については単元はじめと単元終わりなど十分に時間をおいてその学習状況を把握することが必要となる．

表 1.2.6 単元を見通した指導と評価の計画の例（木原，2014，p.207）

時	学習活動	活動目標	評価規準	評価の観点 関	評価の観点 思	評価の観点 技	評価の方法
1〜2 第一次	①オリエンテーション ・学習のねらいと進め方を理解し，見通しを持つ． ・ルールやマナーについて話し合う． ・学習カードの使い方を知る． ②基礎的スキル検定を行う．	○学習のねらいと進め方を知り，見通しを持って取り組もうとする．	○めあてを持って進んで練習やゲームに取り組もうとする．	○			行動観察 学習カードの記述 基礎的スキルの習得状況（診断的評価・形成的評価①）
3〜5 第二次	ねらい① 簡単なルールでゲームしよう．						
	①基礎的スキルの習得に向けた練習をする． ・準備運動を兼ねてチームで練習する． ・基本練習をもとに練習の仕方を工夫する． ②ゲームをする． ③ゲームの振り返りをする． ④自分・チームの課題解決に向けた練習をする． ⑤全体での振り返りをし，学習カードへの記入をする．	○基礎的スキルの習得に向けて練習の仕方を工夫することができる． ○基礎的スキルを活かしてゲームを楽しむことができる． ○仲間と協力して，安全に気を付け，ゲームを楽しむことができる．	○基礎的スキルの習得に向けて練習の仕方を工夫している． ○基礎的スキルを活かしてゲームをすることができる． ○仲間と協力して，安全に気を付けて運動しようとする． ○仲間と協力してゲームを楽しもうとする．	○ ○	◎	○	行動観察 学習カードの記述 基礎的スキルの習得状況（形成的評価②）
6〜8 第三次	ねらい② ルール，攻め方・守り方を工夫してゲーム						
	①基礎的スキルの習得に向けた練習をする． ・準備運動を兼ねてチームで練習する． ・基本練習をもとに練習の仕方を工夫する． ・チームの特徴に応じた練習をする． ②ルールの工夫をし，全体で確認する． ③攻め方・守り方を考え，チームで確認する． ④第1ゲームをする ⑤ゲームの振り返りをする． ⑥第2ゲームをする． ⑦ゲームの振り返りをする． ⑧全体での振り返りをし，学習カードへの記入をする．	○基礎的スキルの習得に向けて練習の仕方を工夫することができる． ○ルールやチームに合った作戦を考えてゲームをすることができる． ○基礎的スキルを活かしてゲームを楽しむことができる． ○仲間と協力して，安全に気を付け，ゲームを楽しむことができる．	○基礎的スキルの習得に向けて練習の仕方を工夫している． ○ルールやチームに合った作戦を考えてゲームをしている． ○基礎的スキルを活かしてゲームをすることができる． ○仲間と協力して，安全に気を付けて運動しようとする． ○仲間と協力してゲームを楽しもうとする．	○ ○	○ ○	○	行動観察 学習カードの記述

4. 学習指導案

(1) 学習指導案とは

指導計画では，まず年間指導計画があり，それに基づいて単元計画が立てられ，さらに単元計画の中の1単位時間について計画が立てられる．この1単位時間の計画が学習指導案である．したがって，学習指導案では，1単位時間の目標や内容が具体的に決められ，児童の学習活動や学習内容，教師の指導内容が時系列に示される．学習指導案は，簡略に指導案，本時案，授業案と呼ばれたり，略案から細案にいたるまで，記述量やその詳細はさまざまである．しかし，学習指導という言葉には「学習することを指導する」という意味合いが込められていることから，単に教師が何を指導するか（指示・伝達するか）の計画ではなく，子どもたちの主体的・対話的で深い学びを，どのような指導の意図や手立てによって実現していくのかが示されていることが重要である．

学習指導案は何のために，誰のために書くのか，その目的は3つに整理することができる．第1に，授業を行う教師自身のためである．学習指導案を作成することで，授業の目標を明確にしたり，それを達成するための学習の筋道についてシミュレーションしたり，指導の内容や順序等についてさらに改善することができる．第2に，学習指導案は他の教師のために書く場合がある．参観者に授業展開の意図を伝えたり，授業の記録としてその後の参考資料として活用される場合もある．したがって，学習指導案は，他の教師がみても，授業の展開がイメージでき，指導の手立てやその意図が十分読み取れるものとして書かれる必要がある．第3の目的は，子どもたちの学習成果を保障するため，すなわち子どものために書く必要がある．場当たり的な指導から脱皮し，教育目標の実現へと展開するために，学習指導案は極めて重要な位置を担っている．

(2) 学習指導案の作成にあたって

学習指導案は，地域や学校によってさまざまな様式があり，統一された様式があるわけではない．とはいえ，どのような様式であっても共通して記載すべき基本的事項は存在する．以下，必要な事項並びに留意すべき点について述べ

る．

1）冒頭部分

　学習指導案が授業の計画案である以上,「だれ」が「だれ」に対して「いつ」「どこで」という要素は欠くことができない情報である．学習指導案の冒頭部分には, ○年○組, ○○科学習指導案と題し, 箇条書きで日時, 場所, 対象学級, 指導者名を書くのが一般的である．

2）単元全体の指導計画部分

　学習指導案は実際には, 1単位時間の計画が対象となるが, 1時間の授業の背景には, その単元の指導計画があり, 単元計画との関係を明らかにしておかなければならない．そのため, 単元全体の指導計画部分には通常次のような項目が示される．

- ・単元名
- ・運動の特性（構造的特性, 機能的特性, 効果的特性）
- ・単元の目標
- ・単元の展開

その他, 単元設定の理由や教材観, 児童観, 指導観などの項目をたてることもある．

3）本時の指導計画部分

　本時の指導計画部分が学習指導案の中核となる．この部分は通常, 本時の目標（ねらい）と本時の展開で構成される．

　（a）本時の目標（ねらい）

　授業を通して実現しようとしている教師の指導意図を明らかにしたものである．表現形式は,「…ができるようにさせる」「…を理解させる」のように教師の指導目標として表現する場合と,「…ができるようになる」「…を理解する」のように児童の学習目標として表現する場合がある．これらはいずれかに統一しておけばよいが, 近年では後者の表現が多い傾向にある．体育科の指導内容には「知識・技能」,「思考・判断・表現等」,「態度」があり, それらすべてを本時の目標に記載すべきか否かは, 目標や評価のとらえ方によって立場が分かれる．目標や評価を, 授業中に児童全員の状況を把握できる範囲で書くべきだ

とする立場がある．これは，目標や評価を，成績を付けるための「評定」と捉えた立場であるといえる．他方，1時間の授業には「知識・技能」「思考・判断・表現等」「態度」すべての学習指導が含まれており，すべてを本時の目標に記載すべきだとする立場もある．これは，目標や評価の設定を，形成的評価も含めた授業改善のための営みと捉える立場であるといえる．学習指導案を作成する目的を考えれば，教師経験の浅いうちは後者の立場で記載するほうが望ましい．こうした立場の違いは，「本時の展開」部分における「評価の観点・方法」の欄についても同様のことがいえる．

（b）本時の展開

学習指導案の中で授業をどのように展開していくかを予想する部分である．授業の展開が時間の流れに従って見やすいように工夫して作成することが大切である．本時の展開では，「学習活動」（Learning Plan）を記す欄と，「指導上の留意点」（Teaching Plan）を記す欄，さらに「評価の観点・方法」を記す欄で表されることが多い．欄の見出しは様々な表現があり，「指導上の留意点」ではなく「教師の働きかけ」とされたり，「教師の支援と評価」とされるような場合もある．それらに加え，「予想される児童の反応」や「学習形態」（一斉，小集団，個別）を示す場合もある．ここでは，本時の展開で必ず書かれる「学習活動」（Learning Plan）と「指導上の留意点」（Teaching Plan）についての留意点を述べる．

　a．学習活動（Learning Plan）

「学習活動」の欄には，児童が行う学習活動の流れやそこで学習すべき内容が具体的に示される．一般に，導入・展開・まとめという段階における学習活動が示され，各段階でどういた内容を児童が学習していくのかが示されなければならない．したがって，その記述は「…する．」というように児童の行動に結びつくよう具体的に表現しておく必要がある．また，学習活動は「1．2．…」とナンバリングの表記が一般的であり，どのような内容をどのような順序で構成するかは重要である．児童の主体的・対話的で深い学びの実現に向けて，主運動につながる準備運動を組織化し意図的に習得—活用の学習過程を位置づけることや，集団思考場面など児童相互の対話的な学習過程を位置づける

こと，前時の復習や本時の学習課題の確認，本時のふり返りなどを位置づけ学習内容の関連付けを図ること等が求められている．

　b．指導上の留意点（Teaching Plan）

「指導上の留意点」の欄には，児童の学習活動に対して教師はどのような指導活動を行うのかを具体的に示すことになる．したがって，一つ一つの学習活動に対して書く必要がある．その際，ただ「ルールを説明する」とか「よい動きをしている児童をほめる」など，指導の手立てのみを書くのではなく，「コート図とマグネットを用いてルールを説明することでゲームの行い方をイメージできるようにする」というように，指導の手立てとその意図を書くことが重要である．この例では「ゲームの行い方をイメージできるようにする」ことが意図（目的）であり，そのために「コート図とマグネットを用いてルールを説明する」ことが手立て（手段）である．同様に，「よい動きをしている児童をほめる」ことはあくまで手立て（手段）であり，それによって「自信を持たせる」ことを意図するのか，「他の児童によい動きのポイントを共有させる」ことを意図するのか，その目的が重要である．

引用・参考文献

1．愛知県教育委員会（2002）小学校体育指導の手びき．http://www.pref.aichi.jp/kyoiku/sports/school/text/tebiki-syo.pdf（2018年3月17日検索）
2．高橋健夫・藤井喜一・松本格之祐・大貫耕一編著（2008）新しいマット運動の授業づくり．大修館書店．
3．木原成一郎（2014）体育授業の目標と評価．広島大学出版会．
4．日野克博（2010）体育科の指導計画．徳永隆治・木原成一郎・林俊雄編著　新版初等体育科教育の研究．学術図書出版社，pp.23-41．

＜付記＞

本章は，日野克博（2010）体育科の指導計画．徳永隆治・木原成一郎・林俊雄編　新版初等体育科教育の研究．学術図書出版社，pp.23-41．をもとに，2017年の学習指導要領改訂の趣旨をふまえて加筆・修正を行ったものである．

第3章 体育科の教材づくり

1. はじめに

　体育科の授業を考える時，教材という言葉をどのような意味で使っているだろうか．
　「教育実習で器械運動領域の側方倒立回転を教材として研究授業を行います」「側方倒立回転の授業の教材として，連続図を描いた学習カードを使います」などと何気なく使っている言葉であるが，これらの「教材」という言葉の意味は異なっている．
　一般に，教材という概念は，次のように説明される．
　「教授・学習の材料．学習の内容となる文化的素材を言う場合と，それを伝える媒体を指す場合とがある．教材研究の教材は前者，教材作成は後者になる」（広辞苑，第6版）
　この意味で言えば，教材とは教師と子どもが教え学ぶ内容とその内容を伝える媒体である．すると「内容を媒介物を用いて教え学ぶ」と説明できることから，教師と子どもは「教材（内容）を教材（媒介物）を用いて教え学ぶ」というように，教える内容と教える手段が同じものであるということになってしまう．
　体育科の場合，教材という概念は，もともと運動自体のことを示す言葉として使用されてきた．それが，学習内容という概念が導入されたことを契機に，運動文化として成立していた各運動種目を素材，その中から教育・学習内容を明確化する形で作り直した運動を教材，として区別するように変化してきた．
　授業を計画・実施するうえで，教育・学習内容としての教材とそれを教える手段・媒介としての教材を明確に区別しておくことが必要である．

2. 教材概念の変遷

　1947（昭和22）年の学校体育指導要綱では，「身心の発育や発達に応ずる教材を選んで実施させることは体育の効果を高める上に欠くことのできない要件である」としたうえで，「運動」と「教材」という概念を示した．ここで示された「運動」とは，子どもたちの各年齢に見られる「身体的特徴」と「精神的特徴」に対応した「適当な運動」，例えば「運動調整能力を助成する運動」「規則のやや複雑な運動」「社会性の発達を促す運動」「背筋及び腹筋を特に強める運動」など，運動の性質を示して説明されるものである．一方で「教材」については，運動の性質を踏まえた上で，体操と遊戯のそれぞれについて，徒手体操の動きや器械運動の技，リレーやドッジボール，平泳ぎなど種目名が示されている．したがって，この時点では，教材＝動き・種目として認識されていたわけである．

　1949（昭和24）年の学習指導要領小学校体育科編（試案）において，「教材は，教師の指導の下に児童生徒がそれによって学習する材料あるいは活動である．（中略）要するに教材は社会や児童生徒の要求を満たすためにかれらに必要な学習の機会を提供する材料すなわち活動である．」とされた．これは，教材を社会や児童生徒に必要な学習機会を提供するための手段として捉えていることを示している．そのため，「（イ）望ましい理解・態度・習慣・技能などを発達させるに適したものであること．」といった教材選択の基準が示されたうえで，教材群と具体的な教材例が示されている．その際，各教材群の目標と指導上の注意点が示されたうえで，具体的な教材が示されている．示される教材は，種目名と方法，指導上の注意，用具などの項目で説明されている．

　例えば，「ボール遊び・ボール運動」という教材群の目標は，「種々なボールによる活動で，大筋を発達させ，調整力，正確度，判断力を練り，内臓の機能を高めるとともに社会的性格の育成をはかる．低学年では，小筋の発達が未熟で目と手の協応も不十分であるから，簡易な運動を選び，秩序ある活動・学習を指導し，とくに社会性の発達に留意する．五・六学年になると相当複雑なものが可能となり，協力の態度や責任ある行動の能力が発達するから，それを助

長して秩序ある行動を学習させいろいろな型のボール運動を経験させる.」と示される.その上で,具体的な教材例としてポートボールなどの種目名が示されて,競技の方法やルールの注意点などが示されている.

このように,この時期の教材概念は,各教材の目標を達成するための手段として認識されていると解釈することができる.

1953(昭和28)年の小学校学習指導要領体育科編(試案)改訂版になると,「教材」概念に変化がみられる.それは,「学習内容」という概念が導入されたことによる.この「学習内容」は「小学校期の児童がこの時期にふさわしい正常な発達をなすために,またやがておとなになってからの生活が望ましい形で営まれるために,体育科の立場からこの時期の児童にぜひ学習させたいし,また学習することが可能でもあると考えられることがらの範囲を具体的に示そうとしたもの」と説明される.そして,「学習内容」が目標と結びつくことを踏まえた上で,「A 各段階で望ましい各種の身体活動,B これらの活動と関連する他の個人または集団との相互関係における行動のしかた,C 施設や用具の活用のしかた,D 身体活動と関連する健康習慣や安全,E よりよき行動や生活のしかたをくふうする」という主要項目にまとめられている.これらはより具体的な形で説明されるが,「A 各段階で望ましい各種の身体活動」の具体的項目として様々な種目名が示されている.これは,教材が目標を達成するための手段であると同時に,学ぶべき対象すなわち内容として位置付けられたことを意味している.

1958(昭和33)年の学習指導要領になると,運動や種目を表す概念として使用されてきた教材という用語が使用されなくなり,内容という言葉で表されるようになった.このことは,教材という概念の理解の混乱を招く事となった.

このような混乱の中,岩田(1997)によれば,1960年代から1970年代に,学校体育研究同志会の教材論や高田典衛の教材づくり論,佐藤裕の教材研究論など,「教科論レベルでの『教材』の意味把握から脱皮し,授業論的なレベルで『教材』概念を再考する動向」が見られたという.そして,1980年代には,「『教育内容』との区別を前提にしながら,『教材』をまさに教育行為の目的意

識性において把握すること」を意図した江刺幸政や井芹武二郎らの論考が登場することとなったとされる．

1980年代後半になると，岩田（1987）が，「教え学ぶべき内容と，その内容修得を媒介する手段との混乱，及び既成の運動文化（スポーツ）を即自的に『教材』として把握する傾向についての問題」について考察し，「『教材』とは『教科内容』を学習者に習得させるための手段であり，その教科内容の習得をめぐる教授＝学習活動の直接の対象となるもの」と説明した．また，教え学ぶべき内容と内容修得を媒介する手段との混乱は，既成の運動文化をそのまま「教材」として理解することに起因するとして，「既成の運動文化を『素材』（『教材化』される以前の『原型』）として位置づけ，そして「素材」の持つ客体的な構造の追究，いわゆる個別の運動文化の特質やその技術構造の解明を前提とした教科内容研究と，それを学んでいく学習者の主体的要因，学習主体の発達や認識のプロセス，順次性に従った素材の加工（教材づくり）」の必要性を指摘した．この指摘によれば，「教材」は「教え学ぶべき『教科内容』に対応し規定されつつ，学習主体の諸条件に応じて『素材』としての運動文化（スポーツ）が教授学的に改変されたものとして成立する」という．

このように，教材という概念は，運動種目そのものを表す言葉として使用されてきたが，教育目標を達成するための手段として位置づけられるようになり，学習内容という概念の導入によって，教え学ぶべき内容として位置づけられるようになった．そして，既成の運動文化を素材，素材を教授学的に改変したものを教材としてとらえるという考え方が広まっていったのである．

3. 教材づくりの視点

（1）「内容的視点」と「方法的視点」

体育科の教材という概念は，運動種目を示すものではなく，既成の運動文化を素材として捉え，素材を教授学的に改変したものを示すということはすでに説明した通りである．それでは，この素材をどのように改変していけば，よい教材を創ることができるのであろうか．岩田（1994）を参考にしながら考えて

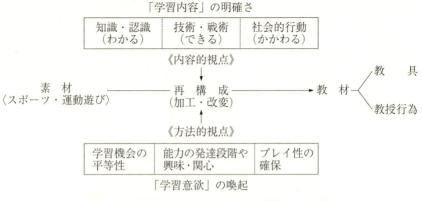

図 1.3.1　教材づくりの基本的視点（岩田，1994）

みたい．

　岩田（1994）は，教材づくりの基本的視点として「その教材が，習得されるべき学習内容を典型的に含み持っていること」という「内容的視点」と「その教材が子ども（学習者）の主体的な諸条件に適合しており，学習意欲を喚起することができること」という「方法的視点」の2つを挙げている．そして，「内容的視点」として子どもたちに追究，獲得させたい「知識・認識（わかる）」「技術・戦術（できる）」「社会的行動（かかわる）」内容が含みこまれていることを挙げた．また，「方法的視点」として，「学習機会の平等性」「能力の発達段階や興味・関心」「プレイ性の確保」という3つを挙げている．

　この2つの視点，計6観点から素材に加工・改変を加えて再構成し，素材を教材に作り替えていくのである．これらについて，具体的な例を挙げながら考えてみたい．

1）「内容的視点」とはなにか

　まず，「内容的視点」の3つの観点について考えてみたい．教材は，それを実施することによって学習内容を習得させるものであるため，教え学ぶべき内容が含みこまれる形で構成されていなければならない．ここでいう，教え学ぶべき内容は，目標と関連して定められるものである．

　体育の目標の種類には，様々な捉え方があるが，高橋（1989）は4つの目標

を提示した．それは，「情意目標（好きになる）」「技能目標（上手になる）」「認識目標（わかる）」「社会的行動目標（守る・かかわる）」である．

「技能目標」「認識目標」「社会的行動目標」は直接的に教え・学ぶ内容が位置付けられる到達目標としての側面を持っている．具体的には，「技能目標」に対応する内容として「技術，戦術」，「認識目標」に対応する内容として「体育の科学的知識，体力・トレーニングの知識，社会的行動の知識，技術・戦術の知識」，「社会的行動目標」に対応する内容として「ルール，マナー，集団的な学習の仕方（協力），組織・運営の仕方」を挙げられている．

一方で，「情意目標」は他の目標に関わる教育・学習を通して目指される方向目標としての性質を持っているが，直接的に教え学ぶ内容は位置付けられていない．それは，「情意目標」に対応する内容として運動の楽しさなどが想定されるが，それは直接的に教え学ぶことのできる内容ではなく，他の内容が学ばれることで感じ取られるもの（運動ができたから楽しい，コツがわかったから楽しい，友達と一緒に活動して楽しいなど）であるためである．

このことから，直接的に教え学ぶことができ，「情意目標」を目指すために教え学ぶことが求められる「知識・認識」「技術・戦術」「社会的行動」という視点が，教材づくりの視点として求められるのである．

2）「方法的視点」とはなにか

次に，「方法的視点」の3つの観点について考えてみたい．先に述べたように教材づくりでは，授業の目標を考え，それに対応した内容を検討したうえで，「内容的視点」から素材を再構成していく事になる．これは，素材から教え学ぶ内容を抽出し，それをうまく教材に含ませるために必要なことである．しかし，どれだけ適切に教え学ぶ内容を含みこませ，教材を作成したとしても，子どもたちが積極的に取り組むことがなければ，その内容が学ばれることはない．したがって，子どもたちの学習意欲を喚起するための工夫が必要となり，その工夫の視点が「学習機会の平等性」「能力の発達段階や興味・関心」「プレイ性の確保」という「方法的視点」ということになる．

例えば，バスケットボールという素材を「学習機会の平等性」という観点から考えた時，シュートのドリル練習をする時には，学習者全員がシュートを打

つ機会を得ることができるが，試合になるとバスケットボールが苦手な学習者は必ずしもシュートを打つ機会に恵まれない．その場合には，練習で学習した内容を試合で試す「学習機会」が保証されなかったということになる．試合をするという特性上，必ず全員がシュートを打てるとは限らないが，できる限り全員に打つ機会がもたらされるような工夫が必要である．

　また，「能力の発達段階や興味・関心」という観点から考えた場合，小学校1年生が素材としてのバスケットボールと同じように5人チームを作って5対5の試合を行えば，攻守関係なく全員がボールに群がる，いわゆる団子状態の試合になるだろう．これは，小学校1年生という発達段階では，自分とボール以外の9人の状況を把握することが難しいからにほかならない．また，素材のままでは，ゴールの高さやコートの広さ，ボールの大きさ・重さなども学習者には適合しない．その意味で，子どもたちの実態をしっかりとみとり，子どもの能力等に応じた工夫を行わなければならない．

　そして，「プレイ性の確保」という観点から考えた場合，リングが高すぎ得点が入らないようであれば面白味に欠ける試合になり，また，チームの能力差が大きいようであれば，試合前から勝敗が予想できてしまう．得点が入ったり入らなかったりしながら，どちらが勝つかわからないようなゲームバランスになるように工夫する必要がある．

　このように，学習者の実態を踏まえながら，学習者の意欲を引き出せるように，「方法的視点」からの再構成が求められることになるのである．

（2）　教材の安全性を確保すること

　教師の責任において，運動中の事故は避けなければならない．事故を完全に防ぐことはできないが，最大限の配慮をしなければならないことは言うまでもない．これは，体育科の授業でも，体育的行事でも，休憩時間中でも同じである．運動中は，特に重大な事故が生じやすい．教師は，事故が起こらないように危険を取り除かなければならないのである．

　それでは，危険とはどのようなものなのだろうか．国土交通省（2014）は，子どもの遊びにおける危険性について，「自己の回避能力を育む危険性あるい

は子どもが判断可能な危険性」を「リスク」,「事故につながる危険性あるいは子どもが判断不可能な危険性」を「ハザード」と定義している．この定義は体育授業において取り扱う各種運動の危険について検討するのに非常に有益な示唆を与えてくれる．

このリスクとハザードについて，少し具体的に考えてみる．

子どもの運動遊びにはある種の危険が含まれている．小学生のころを思い出してみれば，誰もが裸足で地面を走り回ったり，ジャングルジムの上で鬼ごっこをしたりしたことがあるだろう．これらは子どもの遊びとしてよくみられるものであるが，今やろうとすると躊躇してしまう．なぜなら，大人の私たちは，経験的にそれらの活動に回避できない危険があることを予測できるからである．

私たち大人は，過去に裸足で石を踏んで痛い思いをした経験から，落ちているのが鉄釘やガラス片だった場合に大けがをする可能性があることが予測できる．ジャングルジムに登るだけなら落ちることはほとんどないが，鬼ごっこで思い切りタッチされたらバランスを崩して落ちるかもしれないと想像する．私たちは，ある活動をする時に，自分の経験からその活動に伴う危険を予測し，それを回避できるかどうかを考えながら，その行為をするかどうか判断していくのである．

このことから，危険の性質として，予測可能性と回避可能性をあげることができ，また，危険の要因として人的要因と物的要因を挙げることができる．例えば，グラウンドに落ちている鉄釘は，落ちていることを予測できるがどこに落ちているかわからないので回避できない物的ハザードということになる．この危険の性質は図1.3.2のように表すことができる．

図1.3.2を参考に，子どもにとっての運動・遊びの危険について考えると，①と②のリスクは一定の条件のもとに子どもたちに経験させてもよいが，③と④のハザードについては取り除かなければならないと考えられる．①については，子どもが予測し回避できるため，遊びの一要素として子ども自身で制御すべき危険である．また，②については，子ども自身では予測できないが予測できれば回避できる危険であるため，一度経験すれば①に変化する．危

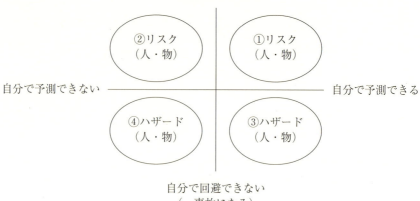

図 1.3.2 子どもにとっての運動・遊びのリスクとハザード

険を回避する経験は子ども達に必要であるから，危険を予想できる教師の指導の下で学習すべき危険となる．このように考えると，①と②の危険は，教育的に意味のある危険である．一方で，③と④については，教育的に価値を見出すことのできない危険である．それは，事故になりうる回避できない危険を伴う行為は教育として成立しえないからである．

　以上のように，教材づくりの際には，素材に含まれるリスクとハザードを明らかにし，それらが物的な要因であるか人的な要因であるかを検討する必要がある．学習者の行為によって引き起こされる人的ハザードの場合には，授業を実施する際の指導で解決し，授業に使用する教具や環境によって引き起こされる物的ハザードがある場合には，事前準備においてハザードを取り除いたり，計画自体を変更したりすることが必要になる．特に，素材にハザードが含まれている場合，素材を再構成する段階において，素材のルールを変更する等して対策を取らなければならない．ハザードの放置は，重大な事故を引き起こし，学校・教師の責任問題となるのである．

4. 素材研究と教材研究

　以上のように，教師には，素材を内容的視点と方法的視点から再構成し，教材を作成していく事が求められる．また，作成した教材の安全性について，リスクとハザードという観点から検討し，子どもが教師の指導を受けながら制御できるリスクとなるよう工夫し，また，全てのハザードが取り除かれるように修正しなければならない．

　その過程は大きく分けて2つに分けられる．それは，素材について研究し，その技術などを明らかにする素材研究の段階と，素材研究の結果から学習者に対する教育的価値があると考えられる内容を抽出し，内容的視点と方法的視点を踏まえて再構成することで教材をつくる，教材研究の段階である．

　教材づくりに際して，往々にして，最初から教材研究を行おうとする場合がある．すなわち，数多く市販されている指導書やインターネット上に示された運動＝誰かが作成した教材を調べ，学習者に合わせて若干のマイナーチェンジを加えて教材づくりをしたとするのである．場合によっては，マイナーチェンジすら行わず，紹介されている教材をそのまま行う場合もある．

　これは，必ずしも不適切というわけではないが，素材研究を伴わない教材研究では，教師が作成された教材の意図を理解しないまま授業を行うことになりがちである．教材は，数多くの素材の技術や知識を，担当する子どもの実態や教育目標に合うように取捨選択して作られたものである．なぜその取捨選択が行われたのかは，素材の技術や知識を体系的に知っているからこそ理解できるものである．

　小学校教師は多忙を極め，教材づくりを素材研究からじっくり行うことが難しくなってきている現状ではあるが，教材として作成されたものを活用する一方で自ら素材研究から教材研究を実施し，独自の教材を作る取り組みを行っていきたい．

5. 教材の構造化

　ところで，目標には階層性があり，どの階層の目標であるかによってその具体性が変化する．階層の観点として，集団的階層性と時間的階層性がある．集団的階層性とは，その目標がどのような規模の集団の目標として定められているか，ということであり，例えば国や地域，学校やクラス，個人などのように，集団の規模によって目標の具体性が異なってくるということである．また，時間的階層性としては，生涯を通して達成するものから，義務教育段階，小学校段階，学年，単元，1単位時間のように，目標を達成しようとする期間によって，その具体性が変化するということである．

　教え学ぶ内容は，目標に対応して定められるものである．したがって，目標の具体性の変化によって，内容の具体性が変化するといえる．このようにとらえると，教え学ぶ内容に影響を受ける教材にも，複数の階層が生じることになる．例えば，マット運動の一単元で行う「方形お話マット」という教材と，方形お話マットの前段階として行う「一方通行のお話マット」，さらにそれに組み込まれる「くまさん歩き」という具合である．

　小学校教師が6年間を通してひとつのクラスを担当したり，全ての学年を同時に担当することはまれであるから，小学校段階という長い期間や，学校全体でどのような教材づくりを行い，実施していくのかを考えることは必然ではない．だからといって，各教師が自分の担当する集団や期間だけに関心を持って素材を教材化することになれば，毎年同じ教材行うことになったり，取り扱う教材が突然高度になり，ついていけないという状況になりかねず，子どもたちが運動を体系的に学ぶことができないということになってしまう．

　教材づくりは，目の前の授業や単元の為に行うのと同時に，将来の子どもたちの学びを見据えて行う必要がある．

6. おわりに

　近年，巨大ピラミッドに代表される組体操・組立体操の事故が話題に上が

り,「なぜ組体操・組立体操を行うのか」が議論されることがあった．事故件数の多さなどの安全性を根拠として実施の取りやめが主張される一方で，それらを通して教え学ばれる内容を根拠として継続することが主張された．

　このようなことが起こったのはなぜか．それは，様々な主張を行った人たちに教材という概念が希薄だったからではないだろうか．

　体育の授業で取り扱う運動は素材ではなく教材でなければならならない．また，リスクが制御され，ハザードは取り除かれていなければならない．体育で取り扱うピラミッドは，巨大ピラミッドという素材を教材づくりの視点から再構成した，教材としてのピラミッドでなければならないのである．

　巨大ピラミッドは素晴らしい素材研究の成果であり，それは非常に魅力的である．しかし，それを授業で行うためには，綿密な教材研究が必要であり，教師が何を教え，どのように学習意欲を高めようとし，危険を制御しようとしたかを説明できなければならない．授業で取り扱われる運動の妥当性が問われると同時に，それを取り扱う教師の意図が問われるのである．

　この問いは，何も組体操・組立体操に限ったことではない．
　「先生！　この授業でなぜ逆上がりを行うのですか？」
　こういった問いにも同様の説明が求められるのである．この問いは，逆上がりという運動を行う目的を問うと同時に，逆上がりが教材として成立しているかを問うものである．

　普段，何気なく使っている教材という言葉であるが，その意味をしっかりと考えた上で，授業づくりに生かしていきたいものである．

引用・参考文献

1．岩田靖（1987）体育科教育における教材論（Ⅰ）—「教材」概念の明確化に向けての前提的考察—．スポーツ教育学研究，7（2）：27-40．
2．岩田靖（1994）教材づくりの意義と方法．高橋建夫編　体育の授業を創る：創造的な体育教材研究のために．大修館書店．
3．岩田靖（2012）体育の教材を創る：運動の面白さに誘追いこむ授業づくりを求めて．大修館書店．
4．岩田靖（2015）体育の教材づくりの発展．中村敏雄ほか編　21世紀スポーツ大辞典．大修館書店．

5．国土交通省（2014）都市公園における遊具の安全確保に関する指針（改訂第2版）．
6．高橋健夫（1989）新しい体育の授業研究．大修館書店．

第4章 体育科の指導法

1. 体育授業の特徴を踏まえる

　体育が「とても好き」「どちらかというと好き」と言う児童は多い．しかし，その陰に隠れて「大嫌い」と思っている児童が少なくないのも体育の特徴である．特に，体育好きな教師ほど，声にできない「大嫌い」を聞き取ることができない．同時に，本来ならばスポーツや遊びは，やりたい時にやればいいはずであるにもかかわらず，体育が教科である以上，時間割に合わせて「半強制的」にやらせている側面があることにも気づけていないのである．

　また，体育以外の教科は，「できない」「わからない」ということが，周りの人に見えにくい場合が往々にしてある．しかし，運動する姿は隠せない．体育はできないことを隠せない教科なのである．隠せないから，当然「できない自分」の姿がさらけ出される．体育の残酷な一面である．

　さらに，運動が得意な人は，うまい演技を見たり真似たりするなかで自然とできるようになったと思っている人や，できるように一生懸命がんばったという人が多い．当然，子どもにも同じような教え方をして，できない場合は努力が足りないと決めつける．少しはやり方を指導することもあるかもしれないが，頭でわかったからといって，できるようになるわけでもないのも体育である．

　このように，ちょっと真面目に考えるだけでもかなり厄介だと思える体育であるが，楽な教科だと思っている教師も少なくない．場と道具を与えておけば勝手に子どもが楽しむとか，記録や勝敗によって簡単に成績をつけられるとか．また，体育授業は，部活動指導とも当然違う．部活動は，少なからず対象となる運動に興味がある集団への指導である．しかし，学級はそのように編成されていない．体育授業で扱われる運動に対して，意欲も運動経験も違う子ど

もたちがいるのが体育授業なのである．

　さて，これら当り前のことを踏まえ，体育授業で主体的・対話的な深い学びを実現するには，どのような指導を行えばいいのであろうか．これまで教育実習生や現場の先生方と話題にしたこと，公開授業などで目にしてきたことをもとに，体育授業を構成する3つの視点を示した後，いくつかの授業場面を想定しながら具体的な指導法を示してみたい．

2．体育授業を構想する視点

（1）目標・内容と指導法の関係を考える

　体育授業で育まれる，育むべき力を頭に思い浮かべるとき，多くの人は，こんなことを思い浮かべるのではないだろうか．たくさん運動をすれば，体力・筋力が高まる．チームスポーツをすれば仲間と協力する力が，ルールに基づいてゲームをするので規則を守ったり公平公正に判断する力が，そして，個人種目をすれば物事を粘り強く取り組んだり乗り越えたりする力が，それぞれ育まれるのではないだろうかと期待する．

　確かに，体育科で取り扱われる教材は，世の中にある運動・スポーツを素材にしており，運動することで体力が高まることもあるし，粘り強く物事に取り組む力がつくこともあるだろう．しかし，どのような指導法を用いるかによって，子どもたちの学びは大きく変わる．同じ素材でも，調理の仕方や食べ方によって味わいが大きく変わるのと一緒である．

　例えば，長距離走（持久走）は体力的にも精神的にもしんどいと思われている運動であろう．走ればそれなりに体力が高まることもわかるし，体が温まることもわかる．一人で長時間に渡ってゴールをめざしてくじけない精神を養うことができるかもしれない．ただし，個々で動き続けるだけで誰とも関わることなく終わる授業では，協力は学びにくいであろう．協力するためには他者と関わる場面は必須である．個人種目の持久走でもラップタイムを計測しながら，ともに速く走るために協力する場面を生み出すことはできる．駅伝形式のチーム競争にすれば，チーム内で協力し励まし合いながら練習する風景も現れ

るだろう．一方で，チームで競うボール運動をしたからといって，無条件で社会性が養われるわけでもない．周りに当たり続けるワンマンプレーヤーと，ボールに関わることなくコートの隅っこにたたずむ苦手な子という関係にあっては，前者に横暴さを，後者に卑屈さを教えてしまっていると言うこともできる．つまり，取り上げる教材とは全く別のところで，指導法によって教えてしまっていることがある．逆に言えば，子どもたちに直接提示して教えずとも，教えたいこと，大切だと思うことを教えることもできるのである．

小学校では6年間で，学級では1年間で育もうとする計画的なねらいがある．もう一方で，目の前の学級，子どもたちの実態から導き出される切実な課題もある．これらを年間計画，単元計画，本時案のなかで，ねらいを明確にする．それと同時に，自らの設定したねらいが達成されたのかどうかを見取るための指標も準備しておかなければならない．ねらっていることが達成された姿とはどのようなものなのか．どのような姿を生み出すために，何ができるのか．それがないと，個別指導もグループ別指導も場当たり的な助言でしかなく，ねらいに迫っていく授業にならないのである．指導の成果は，子どもたちの姿でしか判断することはできないことを，まずは肝に銘じておこう．

（2） 個と集団の関係をどのようにとらえるか

簡単な課題だと得意な子どもたちが退屈するし，難しいと大半の子どもができないままで終わってしまう，とはよく耳にする悩みである．運動学習において，課題となることは基本的に個別的である．40人の児童がいれば40通りの課題が存在し，それに応えようとするなら40通りの場と練習方法を準備しなければならない．しかし，場も道具も指導者も足りないのが現状である．

さて，このようなお悩みに対して，2つの問いを投げかけてみたい．まず，取り上げる運動が得意な子と不得意な子では，授業で「楽しい」と感じやすいのはどちらであろうか，ということである．サッカーが得意な子は，相手に物足りなさを感じながらもコーナーを狙ったシュートを打つ．ミニバス経験者は，利き手が制限されても相手を翻弄する素早いパス回しができる．得意な子はその運動を楽しむ術を知っている．でも，苦手な子は，その楽しみ方，楽し

いと思えるポイントすら知らない．できないことを責められたり恥じたりすることも少なくないだろう．楽しむ術を知らせる責任者は教師であるならば，どう考えても苦手な子たちへの眼差しが欠かせないのではないだろうか．

　次に，運動技能に差があることは授業の妨げになるのか，ということである．妨げになると思えば，できるだけ技能差の少ない能力別グループを編成するのだろう．「みんなが協力して」，「教え合いながら」などの目標を掲げた水泳の授業でも，プールの片隅で全く別メニューの「泳げない子」グループが練習する姿に出くわすこともある．別々の場でバラバラの課題に取り組んで，それでもうまくなることが一番大切なことなのであろうか．そもそもそこで教師が教えていることとは何なのだろうか．小学生にとって，うまくなることは重要である．ただし，ただうまくさせればよいのではなく，うまくなり方にこそ焦点をあてて体育授業を構想したいものである．厳密に言えば，泳げるグループにも「うまい・へた」の関係は現れるし，技能差のないことなどあるわけがない．この「うまい・へた」の関係を，出原（1991）は過去，現在，未来の自分と表現した．「うまい・へた」はあくまでも現時点での途中経過であり，へたな子からは過去から今までの道のりを振り返り，うまい子には目標となる未来の自分を映し出すことで，「うまくなっていくみちすじ」が見えるという能力観を示している．運動技能に差はあるのが当り前なのだから，差があることを前提してどのように学習を組織するのかを考えるのが教師の仕事ということである．

　さらに，体育に限らず多くの授業で，「教え合い」だと勘違いされていることについて指摘しておきたい．それは，大抵の「教え合い」は，できる子ができない子に教えることで終わっているということである．よく見ると，その逆は極端に少ないのだ．一方的にアドバイスをただ聞くだけでどこが「教え合い」なのか．できる子にしかわからないこと，見えないことを学習課題にすればそうなるしかない．しかし，学習課題がはっきりしていれば，泳げない子も泳げる子にきちんと物申しながら「教え合う」授業が実現できる．

　一例を挙げておこう．次の写真は，3年生がバディで「ドル平」を練習している1シーンである．「腕で水をやさしく押さえながら息継ぎをしよう」とい

う課題に挑んでいるのは，スイミングに通っているすでに泳げる子で，手を添えて腕の押さえを確かめているのは，顔つけも苦手な泳げない子である．きちんと課題に対する評価をしながら「教え合い」ができている姿である．

(3)「わかる」と「できる」を問い続ける

　一昔前であれば，体育授業の最大の関心事は体を動かすことだけであった．授業のよしあしは，運動量が確保されていたか，夢中で運動をしたか，子どもたちが楽しそうだったかで判断される傾向があった．近頃では，子どもが作戦図を描いたり，ルールをみんなで相談したりすることも大切なことであると認識されるようになっている．これは，体を動かす，すなわち「できる」ことだけが重視されていた体育から，何かが「わかる」ことも大切にされる体育になったと言い換えることできる．

　ただし，これまで「わかる」ことが蔑ろにされ続けてきたのかというと，そういうわけでもない．先の出原を例にすれば，一緒に学ぶ友だちのなかにある過去の自分や未来の自分の姿から，「うまくなっていくみちすじ」を見出すには，いろいろ「わかる」ことがなければならず，教師によるわかるための仕掛けが生み出されてきた．「わかる」ことで，「できる」ようになることをめざす授業である．このできるために，何を教え，理解させる必要があるのかを考えることは，「がんばれ」とか，「怖がらずに」という言葉でしか関われない授業を脱し，みんなで学習をする体育授業の第一歩だと言っていい．

　しかし，体育・スポーツの世界では，わかったからといってできるわけではないのも周知の事実である．「わかる」と「できる」をつなぐ何かが授業では必要になる．マット運動での前転を例に考えてみよう．前転ができるようになるためには，まずはその技術ポイントを知る必要がある．そのポイントには，安全に運動を行うためのポイントやより上手に行うためのポイントがある．めざすべき運動を見て技の全体像をつかんだり，技術ポイントの知識を得たりする必要がある．めざすべき課題がわかったとしても，実際にできないこともあ

るし，もっとよりよく改善すべきことなどがある．このとき，学習者は自身のできばえについて正しく把握することがなければ，現状を改善できない．つまり，できばえをわからせるために，めざすべき姿の知識と，自分のできばえを自らの内観やビデオ映像，他者からのアドバイスをもとに，思考し判断する力が要求される．ここで問題なのが，自分の改善点をわかっただけでは，修正できないということである．膝を伸ばしたいのだが，どうしてもうまくいかないとすれば，脚部の操作方法を変えなければならない．「練習の工夫をする」ということも学習指導要領にはあるが，できない子が自分一人でいくら練習の仕方を工夫しても，そう簡単にうまくはいかない．工夫するためには，原因に関する知識がいるのだ．それは，教師か，できている子が持ち得ていることが多い．その情報が技術といわれる客観的なものであり，またカンとかコツとか呼ばれるとても主観的で感覚的なものだと言える．しかし，これらを交流し合うことなく運動の学習は行えない．その場では表現力が駆使される必要がある．

さて，最後に確認しておきたい．運動ができるようになるためには，わかることが必要である．しかし，わかってできることと，わかってもできない（できにくい）ことが存在する．我々はその峻別をしなければならない．前転の際の腕支持感覚は，いくら口で言い聞かせても育まれることはない．体を両腕で支えることでしか育まれない．しかし，手は肩幅に着手するとか，肘は伸ばすといったポイントを伝えることは何度も安全に運動するためには重要になる．この峻別をして，授業構成をしないと，わかってもできないだけの体育授業に陥ってしまう．授業を真面目にやっていると，できるようになった，もしくはうまくなった，もうちょっとでできそう，などが子どもたちに実感できることを保障する体育授業をめざしたい．

3．体育授業で求められる指導法

（1） 学習の共通課題を探る―学級で学ぶことの意味―

先述のように運動の課題は基本的に個別的であるが，個別に学習する方がうまくなるのであろうか．学習課題のレベルをどこに設定したらいいのかという

悩みを乗り越えていくために，学級の子どもたちが「うまい・へた」関係なく，みんなで学習を進める姿は絵空事だと諦めるのではなく，共通となる学習課題は見出していくべきである．得意な子どもたちが退屈することもなく，苦手な子どもにとっても手が届きそうな共通の学習課題である．

　その秀逸な例として，出原の行った短距離走の「田植えライン」と呼ばれる実践がある（出原，1991）．短距離走の指導では，部活動指導での練習ドリルが持ち込まれたりするが，5・6時間の授業で実感できるほどの技能の変化は少なく，学んだ成果がわかりにくい教材である．また，タイム計測によって「速い・遅い」という事実を示すことはできるが，改善点としてアドバイスされるのは「一生懸命に」とか「最後まで」といった気持ちの問題や，せいぜい「もっと腕を振って」くらいである．一生懸命に腕を振って練習したとして，走れば走るだけ疲れるのでタイムは落ちるだけでは，ただの修行の場にしかならない．しかし，出原は50m走の走った足跡に緑色のリボン付きの釘を刺すことによって，走りの軌跡を見える形に残した．このリボンが並んだ様が，まさに「田植えライン」だったわけである．ラインの形，ストライドの変化が浮き彫りになるとともに，さらに10m毎のラップタイムの計測による「スピード曲線」も用いることによって，スピードの落ち込み，ラインの乱れ，ストライドの落ち込みなどが起こる「謎の地点」が発見される．これまでタイムでしか評価することのできなかった走りのできばえを，ラインとしてグラフとして目に見えるものに変換したことで，タイムを落とす原因が浮き彫りになり，速い子も遅い子もともにデータを比較しながら学習が進められる．この「謎の地点」の改善が，「うまい・へた」関係なく学級全体で追い求める共通課題となったわけである．

　もしこの学級で能力別に短距離走を指導したとしたら，速い子と遅い子は別々の場で，別々の課題に挑んでいるのであろう．しかし，出原の実践では，速い子も遅い子も一緒になってラインの乱れやストライドの変化を見つめている．一緒になって，「謎の地点」を改善するための手を考えている．こんな体育授業を実現したいものである．

（2） 教師が教えたいことと子どもが学びたいこと―学習課題の共有―

　先生が「今日のめあて」を板書する。「最後までがんばって走ろう」，「協力してゲームをしよう」など。このような学習課題の提示場面を目にすると，子どもに課題意識はあるのだろうかと疑ってしまう。もっと子どもたちにとって切実感のある学習課題と提示方法を考えたいものである。もちろん，子どもにわかってほしいこと，身につけさせたいことなど教師に教えたいことがあるから授業をするのである。しかし，それを学ぶのは子どもである。とすれば，やってみたい，試してみたいというように子どもにとって学びたいことにしないままでは，やらされているだけの授業で終わる。小学生にとって体育での運動とは，受験にも関係なく，遊び時間ほど自由でもない，生きていくためにも必要性が見いだしにくいものでしかない。なぜ跳び箱をしなければならないのか，なぜ泳がなければならないのかを，正面切って聞いてくる小学生はあまりいないが，やらせる運動よりも少しでもやる意義が見えていた方が学習への意欲は増すというものである。すべての意義を説き，理解させなければならないとは思わないが，せめてその時間のめあてくらい，子どもたちが学びたいと思えるように投げかける努力をしてみよう。

　では，どのようなやり方が考えられるだろうか。まず，子どもたちの授業の感想から学習課題を導き出すことが挙げられる。困ったことや悩んでいることが書かれることがある。ゲームをすると，ルールを破った子がいるとか，ケンカになったなどである。これは，ルールをわかりやすく見直したり，審判の必要性を考えたりするチャンスである。むしろ，これらの感想を誘導するような設定でゲームを行うことで，子どもたちにとって，ルールを考えること，審判の意義を理解することが切実な学習課題として認識されることになる。

　同様に，「どうしてもできない」とのつぶやきは，練習場面でも感想でも出てくる。これらを拾い上げて，本時の学習課題としていくことも大切である。先生が教えたくて勝手に提示した「側転で足を伸ばそう」というめあてよりも，「足を伸びた人の側転はきれいだけど，私はできない」という感想を取り上げ，「どうやったら足は伸びるのだろう」という問いをもとに活動に入った方が，みんなで学びたいめあてになり得るのではないだろうか。

また，体育らしい学習資料としては，データの活用があるだろう．課題を浮かび上がらせるためのデータを見せつけるのである．例えば，ゲームの心電図と呼ばれるゲーム記録は，チーム内でのボールに触った回数やシュート回数などを数字で示すことができる．後に述べるが，低学年であれば，ボールに1回も触っていない子，シュートが1回も決まっていない子がいるという事実を浮かび上がらせるだけでも，その後の練習やゲームの様子を劇的に変える材料になる．中学年や高学年であれば，単元の最初に行ったゲームデータをもとに，単元最後のゲームの具体的な目標が見えてくるし，また，それに向けての練習内容などを考える契機に活用できるだろう．

（3）体育科独自の手立て―補助・示範・言語的説明―

　運動の指導には，「視覚的指導」「運動感覚的指導」「言語的指導」が用いられることが多い．より安全に運動を行ったり，運動ができるようになる授業づくりのためには，これらのそれぞれの特徴を踏まえておくことが重要である．

　まず，視覚的指導は，学習課題となる運動を観察させることである．これまで経験したことのない運動は，実際に見せてイメージを持たせることが必要である．時に，ここで師範を示す力が体育の指導力量であるかの如く言われることもあり，実技力だけをより高めようとする学生もいる．もちろん，授業で取り扱う運動ができることは，指導の際に役に立つ情報になりうるので，できない方がいいわけではない．しかし，最近では運動場や体育館でもICT機器を活用して映像を提示することもできるようになった．また，大人よりも体格の似通った子どもたちの中から選んで行った演技を観察した方が，動くスピードやリズムが学習課題への気づきを引き出しやすいとも思われる．そして，子どもに示範させた方が，ポイントとなる動きの特徴を説明したり，子どもが気づけているかどうかの反応を見たりすることもできる．この子どもの反応を確かめることは重要である．次項で述べるが，我々が重要だから見せたいことを，子どもが見られるのかどうかは実に怪しいのである．教師に必要な実技力，それはうまくできない例を示すことであろう．

　次に，運動感覚的指導であるが，これは一般に「補助」と呼ばれる．この補

助は，安全に運動できるように補助することで，学習者に運動途中での姿勢を体験させたり身体部位の動かし方をつかんだりさせるわけである．器械運動や水泳などで怖がる子どもがいた場合は，教師の補助は恐怖心を和らげる効果が高く，一歩踏み出す原動力になる．そうして，水の中で体を横たえ浮く姿勢，開脚跳びで手を突き放す時の姿勢など，今まで味わったことのない感覚を得られることは，運動学習において非常に大切なのだ．ただし，体の動かし方をつかませるためには，気をつけなければならないことがある．例えば，平泳ぎのカエル足を教える際，両足首あたりを持って，「こうやって動かすんだよ」と力任せに教師が足を動かしたのでは，子どもに力感がまったく残らない．足裏に手を当て，それを後方に押し出すように子ども自らの力で蹴らせることで，カエル足の力の入れ具合がつかめるようになっていくのである．補助は，子どもに自分自身の力で行わせたい部分をしっかり任せられるようにするのが難しいところである．また，教師一人が補助をすることができる人数は限られていることもあり，子ども同士での補助も仕組めるとグループ練習での効果はより高まることがある．あくまでも安全な補助の仕方をきちんと教えた上で，このような活動を仕組むことは子どもたち相互の信頼感を増すとともに，ともに学ぶ意義を実感させることにつながる．

　最後に，言語的指導であるが，阪田（2012）は，「直接的表現」と「間接的表現」という言葉で表している．例えば，マット運動を用いられる言葉としては，「背中が丸まっていない」とか「膝が曲がっている」などが考えられる．これらは，修正が必要な身体部位の形状を直接的に表現したものである．そこから「しっかり背中を丸めなさい」とか「もっと膝を伸ばそう」という指導言が生まれてきそうである．このような「直接的表現」で運動が改善されることもある．しかし，できないことも多い．そこで用いられるのが，「間接的表現」である．現場では，前転の指導で「おへそを見て」がよく使われる指導言ではないだろうか．これは，本当におへそを見てほしいわけではなく，「おへそを見る」という動きによって，顎を引かせること，さらに背中の丸みを生み出すことにつなげるための言葉である．その他にも，運動を指導する言葉としては，「〇〇のように」といった比喩表現や，「タ，ターン」や「ギュッと」と

いったリズムやタイミング，力感などを表すオノマトペが用いられることもある．また，短距離走で「しっかり腕を振る」というのは，実際には足を動かすことが大切なのだが，意識して操作しやすい腕の振りに着目させることも有効な手段であると思われる．ただし，この言葉については，教師が頭で考えたものよりも，子どもから発せられた言葉がもっとも効果的に活用できるのでないかとも思う．

（4） グループ活動の活性化―観察活動に向けた評価基準のすりあわせ―

　なぜ，グループで活動させるのだろうか．ボール運動のようにチームとしてゲームをする教材では，チーム単位の練習は欠かせない．また，友だちと一緒に活動することで，仲良く練習したり協力したりできる機会を設けたいとも思える．現実的な問題としては，準備できるマットや跳び箱など教具の数には限りがあり，思い通りに場づくりができないこともある．

　グループで活動させる理由の一つには，子どもたちの協同的な活動場面を設け，学習への意欲を高めることがあるだろう．黙々と独りで運動し続けるよりは，集団でのゲーム的な要素も盛り込んだ方が，友だちと楽しみながら運動でき，子どもたちの意欲が高まりやすいと思う．また，グループ活動のなかに，教え合いを生み出し，お互いに技能を高め合わせたいことも大きなねらいだろう．残念ながら，教師一人で全ての児童の動きを把握し，必要な評価を行い続けることは不可能なのである．グループ活動によって，友だちからアドバイスをもらう回数が増えることを期待している．ただし，ここでグループ活動の落とし穴があることに気づいて欲しい．それは，評価基準が共有されていないままのグループ活動である．

　指導言として，「ちゃんと見て」，「教えてあげてね」は，教師がよく使う言葉である．しかし，グループ活動に入る前に，次のようなことを全員に確認しただろうか．まず，何がどうなったら「できた」，どうなっていたら「できていない」という判断基準である．それは○×で判断できることもあるだろうし，いくつか段階があるかもしれない．また，子どもたちに観察可能なポイントであるのかどうかも確かめなければならない．ビデオ映像をスローやコマ送

図1.4.1　足の開きと膝の伸びの違い

りで活用した授業も見受けられるが，子どもたちが観察し合うのは生の動きであることが多い．スロー再生でしか観察できないことや競技経験でしか判断できないことは，グループ活動では全く意味をなさない．むしろ害である．わからないのに，教えることを強要されれば，その場しのぎにウソの評価をすることにつながる．本当はできていないのに，できていると評価することは，優しさでも仲良しでもない．その子が運動を修正し，できるようになるチャンスを奪っていることになる．

さて，図1.4.1は，3年生マット運動の授業で，グループ練習での評価基準を共有するための集団思考場面である．ある児童の「足が伸びない」との感想から，きれいな側転にするには，足を伸ばすこと，足を開くことが重要であるとの合意に至った．しかし，どの程度足が伸びて開いているとよしとするのか，この点をいろいろ比較しながら，合意形成を図ったのである．また，実際に何人かの実演を観察しながら，今の演技をどのように評価するのかも全員で確かめ合った．そして，その後にグループ活動に移行したのである．

（5）学習カード，ビデオ映像の活用

学習の成果として，技能の達成度や伸びを気づかせたり，新たな課題を見出したりするために活用したいのが，学習カード（ワークシート）である．個人の学習カードは，授業最初に「本時のめあて」を書かせ，授業最後に感想や気

3. 体育授業で求められる指導法

名前		触球数(しょっきゅうすう)	シュート数
A		2	0/0
B		6	0/0
C		3	2/3
D		5	2/2
			/

図1.4.2　小学3年生シュートボールのゲーム記録

づきを書かせることができるようにしておくと，課題意識をもった学習活動を引き出す一助となるだろう．また，グループで用いる学習カードには，グループ活動での観察の視点や役割分担などを書き留めておくことで，グループ練習が円滑に，かつ適切に行えるようにしたい．ボール運動などでは，ゲーム記録を書き記すことで，得点だけでは見えてこないゲームの事実やチームの課題などを見出すための材料にもできる．例えば，図1.4.2は，3年のゲームで用いた学習カードである．ゲーム観察者のうち，1名が実況で1名が記録となれば，3年生でもこのような記録が残せる．この記録から，ボールに1回も触っていない子の存在に気づいたり，全員がシュートを決めて一緒に喜んだりすることができるのだ．

　また，最近ではタブレット端末を用いたビデオ映像の記録が簡易に行うことができるようになった．ICT機器の整備状況や，児童の操作技能などの条件整備が難しいところであるが，やはり運動を扱うにあたって言葉や絵図での表現では限界がある．ビデオ映像と学習カードを併用しながら，子どもと一緒になって効果的な活用方法を探っていくことが求められている．

　これら学習カードやビデオ映像をポートフォリオとして蓄積していくことで，さらに学習の成果を読み取りやすくすることもできる．例えば，授業の感想を書かせる場合にも，毎時間別々の用紙に書くのではなく，単元全体の感想を1枚の用紙に書けるようにするだけで，子どもたちはこれまでの学習とのつながりや変容をつかみやすくなる．ビデオ映像の場合，単元前後の動きを比較するだけで，日々の授業では実感しにくい技能の伸びを読み取れる．毎時間の映像を残すことは時間確保や作業が繁雑で難しいかもしれないが，単元の節目

ごとにビデオ映像を残しておけばよい．また，可能であれば，学校ぐるみで各学年での映像をサーバー上に記録しておけば，これまでの学習の履歴を参考にしながら，学校としてつながりのある学習が積み上げられることだろう．

（6）ねらいに応じた学習形態と場の使い方

体育授業は学習の場が広く，けがが起こりやすいこともあって，他の教科の学習以上に特別な約束やルールが求められる．指示や注意が無視されるようでは，安全に運動することはできないから，先生の指示をもとに集合・整列・移動できること大切であろうが，不要な指示の乱発は子どもたちの学習意欲を削ぐことにもなりかねない．授業ではねらいに応じて，よりよい方法が求められるべきであろう．そこで，「わかる」と「できる」の関係をもとに，どのような学習形態を用いるべきなのか，また，どのように場を活用できるのかについて考えてみたい．

体育授業では，学級を単位に行われ学級全員で活動する場面，グループやペアで課題に挑む場面，個人個人で活動する場面を使い分けることが多いだろう．学級全員で活動する場面としては，前述したように学習課題を共有する場面や，学習の成果や課題を確かめ合う，まさに「わかる」ことが中心となる場面である．主に，授業の最初や最後において仕組まれる場面であるが，みんなで考えるために黒板やモニターの前に集めるのであれば，教師が発問しチーム毎に相談したりすることになる．チームで相談させるのであれば，始めから相談しやすい隊形で集めた方が効率が良い．また，運動を観察させるためであれば，目の前で示範が行えるように集めた方がよい．しかも，運動観察は横と前ではまったく見えるものが違うので，見させ方も考慮すべきである．こういったことを考えずに場当たり的な指示をしていると，余計な移動で子どもたちの意欲は削がれていく．学級全員が観察できているか，相談しやすい場として機能しているか，子どもたちの姿を見て判断したい．

次に，グループやペアでの活動場面である．ここでは，グループの人数に気をつけたい．例えば，水泳では「バディシステム」で指導されることが多い．体育の中でも，特に水泳での事故は命に直結することもあり，教え合うこと以

上に互いに命を守り合う仲間としての役割が重視される．また，ペアを固定しての学習は，互いの体調の変化にも気がつきやすいということもあるが，なによりこれまでの学習の様子を知っているので，運動技能の変容にいち早く気づく存在になれる．教師が気づけない前時からのちょっとした運動技能の伸びを，ペアだからこそ見つけられるのである．水泳に限らず，ボール運動などでも同一単元の学習期間は，相手を固定したペア学習は有効である．

　グループの人数については，施設や道具に制限されることが多い．例えば，ボール運動ではゴールやボールの数，器械運動ではマットや跳び箱の数に応じて，グループ数が決まってしまう．学級の児童数が何人かも関係があるので，適切なグループ数を一律に定めることはできないが，大抵の場合，3人から4人程度の人数が，全員が役割を持ちやすく，意見も言い合いながら活動ができる人数であろうとは思う．特に，ボール運動については，ゲーム記録を付けたり，作戦練習をする相手をしたりする「きょうだい班」が持てるようにグループが編成できると，協同的な学習を仕組みやすいのではないだろうか．

　最後に，個人個人で活動する場面としては，継続的に運動を続けていくことでしか養えない技能の練習が考えられる．つまり，その教材で求められる基本的な運動技能や運動感覚が該当する．例えば，器械運動での腕支持感覚・逆さ感覚・回転感覚，またはボール運動などの投補技能，水泳の浮きの姿勢制御などである．これらの習熟のためには，もちろんコツや気をつけるべき技術ポイントを理解することも大切ではあるが，個々が運動する十分な時間と回数こそがもっとも重要であるといえる．つまり，毎時間の準備運動に位置づけるとともに，道具や場を整えることで試技回数を増やす工夫が欠かせない．準備運動として，鉄棒の前回り下りなら，1箇所に一人ずつではなく2人が同時にできるかもしれない．単純に同じ時間で2倍の練習が行えることになる．感覚づくりが主なねらいなら，見合うよりも動いて習熟を図ることを優先にすべきである．

（7） 学習指導案の作成に向けて

　本章の最後に，これまでに述べてきた指導法に関連させて，学習指導案を作

成する際の具体的なポイントを挙げてまとめとしたい．

1）本時の目標を絞り，それを達成した状態を具体的な子どもの活動や姿で語る

2017年の学習指導要領には，「資質・能力の三つの柱」として，「知識及び技能」「思考力・判断力・表現力」「学びに向かう力，人間性等」が示された．ただし，学習指導案は1時間での目標なので3観点全てを網羅しなければならないととらえると窮屈な授業になりかねない．本時で特に焦点をあてる目標を吟味する方が現実的だと思われる．

また，単元目標や本時の目標に掲げる言葉は，抽象的になりがちである．抽象的な表現のままでは，評価ができない．例えば，「…に親しむ」，「…ができる」，「…を工夫する」などは，非常に曖昧である．子どもたちがどのようにしたら，どのようになったら，達成できたと言えるのか全く不明なこともある．だからこそ，例えば4年生で「サッカーができる」という目標を立てた場合，どのようなことができると「できた」と言えるのか，それを具体的な活動や姿で示すようにしたい．

2）子どもたちの具体的な活動や姿を生み出すために，必要な手立てを考える

子どもたちの具体的な活動や姿を明確にすることができれば，子どもの実態を踏まえて教師が行うべき必要な手立てが見えてくる．感覚づくりのための活動を仕組むこと，グループ活動の導入，ゲームの事実を学習資料として示すこと，などである．さらにこれらの手立てを行うのは，全体場面かグループ場面か．単元を通して継続的に行うのか，1時間だけにするのか．ゲーム記録を取るのか，ビデオで撮影するのか．補助をするのか，映像を見せるのか．技術ポイントを先に教えるのか，それとも試したことから引き出すのか．これらすべてが手立てとなる．そうして，いくつもの選択肢のなかから，子どもたちが興味をもって学習できそうなこと，一緒に学び合うことができそうなことなど，教師の指導観に基づいて紡ぎ合わせていくのである．これらを，場を活用するときのイメージ（集合，説明，観察）とともに考えることも体育授業では忘れてはならない．

3）この1時間でもっとも重要な「ヤマ場」を見定める

　教育実習の初期には，指導案ではなく「作業メモ」とでも呼ぶべきものが提出されてくる．子どもにさせる運動が列記されただけなのである．これでは，「教師の指示→子どもの運動」の繰り返しである．きっと授業は計画通りに淡々と流れていく．しかし，これをよしとはしない．前時を受けて，または次時につなげる上で，この1時間でどうしても欠かすことのできないことは何か．その欠かせない何かが，授業の「ヤマ場」となり，それを中心に本時が構成されていく．しかし，「ヤマ場」はあくまで教師が事前に考えたものでしかなく，その展開次第では計画通りならない授業はたくさんある．でも，子どもたちが生き生きと学習する姿を引き出せる授業かもしれない．

4）まとめで子どもたちに本時の成果を実感させられるか

　冒頭で述べたように，体育は残酷な教科である．技術ポイントを見付けたからといって，あるいは，ちょっと練習したからといって，そう簡単にできるようになることばかりではない．だからこそ，毎時間練習したことが生かせるゲームを取り入れたり，技のでき具合を確かめ合ったりして，技能の向上や伸びを子どもたち自身で実感できるように仕組みたい．できなかったとしても，「次の時間は，こうしてみよう」とか，「もう少しでできそう」といった，次の体育が楽しみになるような授業の終わり方を演出することは，教師の大切な働きかけであろう．

引用・参考文献
1．小林一久（1995）体育授業の理論と方法．大修館書店．
2．吉田茂・三木四郎編（1996）教師のための運動学：運動指導の実践理論．大修館書店．
3．阪田尚彦（2012）体育教育：教授学への試み．一莖書房．
4．大後戸一樹（2005）「わかる・できる」力をつける体育科授業の創造．明治図書．
5．出原泰明（1991）体育の授業方法論．大修館書店．
6．岩田靖（2012）体育の教材を創る．大修館書店．

第5章　体育科の評価

1. はじめに

体育の評価論を卒業研究に選んだある学生がその動機を次のように書いた.

「高校生のとき体育の『評価』について考えたことがある. 学期末に成績表をもらうのだが, 体育など実技系教科の成績のつけ方が不明確であるからだ. テスト通りの成績ではなく, だからといってスポーツテストも行っていない. 教師がいないときさえあったのに, どうやって生徒ひとりひとりを『評価』しているのか疑問に思ったものだ.」

この学生の文章は2つのことを教えてくれる. 第1は, 「評価」を学期末に知らされる成績の通知のことと理解していることである. 一般に人々が「評価」という言葉で連想する内容は, 通知表（通信簿, あゆみなど呼び方は様々である）による成績の伝達のことである. そしてその成績とはある基準に照らして子どもの学習結果のよしあしを値踏みすることを意味している.

第2に, 体育の学期末の成績の根拠が, 成績を通知される生徒に十分に理解されていないということである. 「教師がいないときさえあったのに」という実態は論外であるが, 体育科の授業の結果, 教師は生徒たちが何を学んだのかという情報をどのように収集し成績をつければよいのであろうか. スポーツテストの結果に基づいて体育科の授業の成績をつけることは適切なことなのであろうか.

本章では, まず, 教育活動における評価が成績の通知にとどまらない役割を持っていることを確認した上で, 体育科の評価をどのように進めるべきかを考えていきたい.

2. 教育評価の意義と役割

(1) 教育評価と評定

　はじめの学生の文章にあるように，たいていの場合「評価」といえば，学期末に教師から手渡される通知表に書かれている成績の通知のことを思い浮かべるであろう．しかしながら，子どもの成績を教師の指導によってもたらされた結果と考えると，子どもの成績は子どもの学習結果のよしあしを意味するにとどまらず，教師の指導のよしあしを判断する意味も持つことになる．

　そもそも教育は，のぞましい目標の実現に向かって，子どもたちの能力の発達を励ましていく目標志向的な活動である．そこで，教育活動の一環として行われる「教育評価」は，子どもの学習結果を中心とした情報を収集し，教育の目標が実現したかどうかを判断して，教育活動を修正したり調整したりするための決定をくだす一連の活動とみなされる．これに対して，学習によって習得した子どもの知識や技能などを測ることが「測定」であり，「測定」された子どもの学習結果のよしあしをある基準に基づき値踏みすることは「評定」とよばれている．つまり，「教育評価」は，「評定」がもたらす情報を主な手段として，教育活動の修正や調整にかかわる様々な意思決定をおこなうことを意味するのである．

　例えば，通知表の成績は，通常子どもたちが学校の授業の学習を通じてどのような知識や技能を身に付けたかという学習の結果のよしあしを意味すると考えられている．ここでは通知表が「評定」の機能を果たしているのである．しかしながら，通知表のもうひとつのより重要な目的は，子どもの学習結果を教師が保護者に知らせ，子どもの現在の学習の到達点と今後の学習の課題を明確にし，教師と保護者が協力して子どものこれからの学習を励ますことにある．通知表の成績が子どもの学力の実態を示す形式で書かれていれば，通知表のこのような活用は可能である．これは，通知表を「教育評価」の機能を果たすひとつの手段として活用することなのである．

（2） 指導と評価の一体化

　これまでもすぐれた教師たちは，子どものノートを調べ，小テストを実施して子どもたちの概念の理解や操作のつまずきの情報を収集して評価し，そのつまずきを取り除くために必要な説明や新たな課題を与える指導を行ってきた．このように，授業の過程でその後の指導の調整や改善のために行う評価は，形成的評価と呼ばれる．現場で見取り評価と呼ばれるこの形成的評価を実施し，指導と評価を一体のものとするような努力が求められる．

　ただし，形成的評価が有効に機能するためには，授業の目標と内容と方法の見通しをあらかじめ教師が持っていることが大切である．なぜならば，授業の計画が明確でなければ，「できる」「できない」という子どもの学習結果から，教師の指導のどこが問題なのかを指摘できないからである．授業の目標や内容，方法の計画があいまいな場合，子どもが「できない」原因を，子どもの生得的で固定的な体格や子どものやる気などの子どもの責任に求めてしまうことになりかねないのである．

　体育科でいえば，まず単元でどこまでできたりわかったりさせるのかという到達すべき目標を明確にする．そして，その目標を達成するためにどのような運動や練習を用いるか教材が計画され，用具や補助や発問をどうするのかという方法まである程度，教師が計画することが必要なのである．子どもが運動ができなくて困っていることがわかった場合，教師はその学習のつまずきを取り除く見通しを子どもに示すことが必要である．学習のつまずきをどのように改善するのかという見通しを子どもが持てない場合，子どもはどうせ練習しても無駄だと思い，「学習の効力感の減少」に至ってしまう．指導と評価の一体化のためには，教師が見通しを持って指導の計画を立てていることが大切である．

　さらに，評価は指導した内容が子どもたちに理解され習得されたかどうかを確かめるために行うという考えを重視すると，「指導しないことは評価しない」という原則が出てくる．例えば，授業中に速く走るための知識や技能を教えないまま授業後に短距離走の記録をとりその優劣を評価の基準にすることは，授業で教えていない概念の理解が必要な問題を算数のテストに出してその得点の

優劣を評価の基準にするのと同じである．

　もちろん，塾での学習や日常生活の経験の影響を算数の計算テストの結果から完全に排除できないのと同様に，運動ができたかできないかという結果から，授業以外で身についた体格や一般的な運動能力の影響を完全に排除することはできない．ただし，できるだけ「指導しないことは評価しない」という原則に近づくように，目標が達成したかどうかを判断する基準のとり方を工夫する必要がある．

(3) 子どもの自己評価の重視

　教育の目的は自ら主体的に学ぶ子どもを育てることにある．そのためには，まず教師の教えたい目標が，子どもの学びたい目標に転化し，子ども自らが学習を進めることが必要である．次に，子ども自身が自分の学習の過程や結果を振り返って次の学習課題を明確にし，意欲を持ってさらなる学習に取り組めるようになることが必要である．つまり，子どもが自分の立てた目標への到達の過程や結果を「自己評価」するのである．例えば，いままでできなかった運動を練習する時に，自分のからだが今どのような位置にありどこに力を入れているのかを感じながら練習するのである．教師は子どもが自分の運動を「自己評価」できるようにするために，マット運動の足形や手形のような教具を開発する必要がある．

　しかしながら自分のからだの運動経過を自分の視覚や筋内感覚によってイメージすることはなかなか難しい．そこで，運動している自分のからだがどこにあるのかとか，今の運動はどこがよくなかったとか子ども同士で指摘しあう「相互評価」が必要になる．そこで，あらかじめ授業の中に友だちの動きの観察や動きの発表の時間を設けて，子ども同士が相互に運動のでき具合を評価しあう「相互評価」を具体化することが求められる．

3. 体育の評価の特質

　体育科の授業における評価の原則は，先の「教育評価の意義と役割」で述べ

たことと変わりはない.ただし,体育科は身体運動を教材とし,子どもたちが実際にからだを動かして運動の仕方やコツを学んでいくという他の教科の学習とは異なる特質をもっている.そのために,体育科の授業において評価を考える際に留意すべき特質がある.

(1) 子どもの体格や体力と評価の基準の関係

　第1の特質は,体育科の授業が始まる前に子どもの体格や既に身につけている体力が,体育科の授業で学ぶ運動の技能の結果に大きな影響を及ぼすという点である.つまり,体格や体力の要因を,評価の基準にどのように反映させる必要があるかという問題である.

　特に陸上運動を指導する場合,身長などの体格や疾走能力などが学習の結果である記録の値に直接影響を及ぼす場合が多い.できるだけ「指導しないことは評価しない」という原則にしたがって,記録の値そのものを評価の基準とするのではなく,指導した内容と相関の深い要因を選び出し,それを評価の基準に設定する努力が積み重ねられてきた.

　例えば,単元前後の記録の伸びという「進歩度」を評価の基準とし,記録の伸びが大きいものによい評価を与える「個人内評価」や,身長が同じ程度の者の中で,走り高跳びの記録の優劣をみる「学習者の主体的条件との関係で見る到達度」(宇土,1981)などの例がある.また,障害走とフラット走のロスタイムを評価の基準にする実践がみられるが,これは走力という主体的条件の影響を取り除き,「3歩のリズム」や「跳び越し技術」という教えた内容と関係の深いロスタイムを評価の基準としているので,「学習者の主体的条件との関係で見る到達度」のひとつの例といえる.

　もちろん,体格や体力の要因を完全に排除して評価の基準を設定することは不可能であるが,学習した内容が評価の結果とできるだけ対応するよう,「指導しないことは評価しない」という原則に近づける評価の基準の設定の工夫を心がけたい.もし授業以外の要因に左右される体格や体力が深く関与した記録そのものを評価の基準にした場合,「どうせ努力してもいい成績はもらえない」という学習意欲の減退とあきらめの気持ちを子どもに植付けかねないからであ

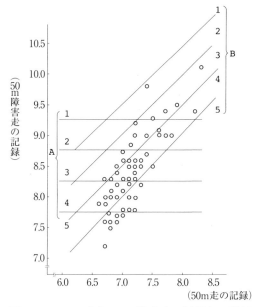

図 1.5.1 50 m 走と 50 m 障害走の記録との関係
（小林，1982, p. 218）

る．たとえば，年齢やハードルの設置の条件が異なっても障害走の記録と 50 m 短距離走の記録の相関が高いという研究成果に基づき，図 1.5.1 のような評価の基準を設定した例がある．この B の評価の基準は，走力の影響を取り除いて，障害走で学習した内容の一人ひとりの達成度を測れるように工夫した「学習者の主体的条件との関係で見る到達度」の一例である．

（2） 評価資料の収集の方法

体育の授業では，ペーパーテストで一斉に子どもたちの理解の到達度を測定することはまれである．むしろ，授業の過程で子どもたちの運動の練習を観察したり，一緒に運動をしたりして，子どもたちが運動の仕方やコツを理解しているかどうかを確かめる場合が多い．つまり，子どもの運動ができているかできていないかを確かめる情報の収集過程と，その情報から子どもが運動のコツのどこにつまずいているかを瞬時に判断し評価して指示をしたり説明をしたり

する教師の指導が一体となって進められる場合が多い．

　これは，指導と評価の一体化という原則からすれば好ましい条件であるが，指導の過程で評価の資料を収集する必要があるため，あらかじめどのような観点と方法で子どもたちの学習の経過や結果を収集するかを準備しておかなければ実施することは難しい．さらに，教室と違って運動場や体育館やプールという開放的な場所で子どもたちの運動の練習が行われるため，すべての子どもの運動の様子を1人の教師が観察することは不可能である．そこで，子ども同士に練習場面を観察させてその結果を学習カードに記入させたり，ビデオカメラで子どもたちの練習や発表の様子を録画したりして，クラスの全員の学習の経過や結果の情報を収集する工夫が必要となる．そのためには，器械運動の技のコツや水泳の泳法のコツを示した学習カードなどをあらかじめ準備し，教師が運動の経過や結果を評価する基準を授業が始める前に明確にすることが必要となる．

（3）評価の即時性

　体育科の学習の結果は，記録や得点という形になって残る場合もある．ただし器械運動や水泳のように，今までできなかった動作ができるようになることが課題となる場合，練習をしながら運動の仕方やコツを理解していく学習の経過や結果が瞬時に消え去ってしまう．単元終了時の総括的評価の場合にはビデオカメラで発表場面を記録に残し，あとから教師が技のできばえを評価する場合もある．ただし毎回の授業では，教師の観察や子ども同士の技の見合いという方法で評価資料の収集が行われ，即時になされた教師や友達による指示や補助で，できなかった技ができるようになる場合が多い．

　こうした「評価の即時性」は，体育科の授業の特質である．教師は，自分が運動するときのイメージやできる子どもが運動するときの経過を示す言葉をできるだけ多く集め，運動につまずいている子どもが自分の運動経過がイメージできるように指示したり説明したりすることが必要である．もちろん，運動経過のイメージを表す言葉は，誰にでも通用する一般的なものがあるわけではないが，運動しているときの子どもがからだのどこを意識しているのか，つまり

運動の「意識焦点」を探ることがそのような言葉を見つけ出す一つの方法である．

（4） 運動の領域と評価の観点

体育科の授業では，各種の身体運動が教材とされる場合が多い．2017年の学習指導要領に示された身体運動は，低学年に体つくり運動，器械・器具を使っての運動遊び，走・跳の運動遊び，水遊び，ゲーム，表現リズム遊び，中学年では体つくり運動，器械運動，走・跳の運動，浮く・泳ぐ運動，ゲーム，表現運動，高学年になると体つくり運動，器械運動，陸上運動，水泳，ボール運動，表現運動という6領域に区分されている．これらの運動は，その領域の中にさまざまな運動種目を含んでいる．

単元レベルの評価の基準は，単元の到達目標に求められる．到達目標は，教材とされた運動種目の基礎的な運動ができることとわかることである．基礎的な運動は，すべての子どもにそれを習得させるための指導の道筋がある程度明らかであり，その運動種目の技能が高度に発展していく過程で繰り返し現れる内容に限定される．到達目標となりうる運動は，感覚的なコツをもとに運動ができる技能や運動の仕方や戦術がわかるという知識からなる．運動ができるかどうかの到達度は，「観点別学習状況」の評価では「技能」の欄に記入され，運動の仕方や試合の戦術がわかったかどうかの到達度は，「知識」の欄に記入される．それらの知識を用いて運動ができるようになるために自己の課題を考えて練習の仕方を工夫する能力は，「思考力・判断力・表現力等」の欄に記入される．

この他に，単元の目標には楽しく積極的に運動や練習をしようとしたり，友達と協力して練習しようとしたりする「学びに向かう力・人間性等」がおかれる．これらの「学びに向かう力・人間性等」は，目指すべき方向を示すが到達点は示さない方向目標としての性格を持っている．必ずしも外面の行動に現れない子どもの「学びに向かう力・人間性等」の値踏みは，評価の妥当性と信頼性の確保が難しく，教師の主観的な解釈と判断が伴う危険性のあることを自覚する必要がある．こうした「学びに向かう力・人間性等」は，運動の技能や知

識の習得と並行して形成されるので，知識や技能の到達度と関連させて評価することも，評価の妥当性や信頼性を保つ一つの方法である．これらの理由から，「観点別学習状況」の評価では「主体的に学習に取り組む態度」の欄に到達度を記入することになっているが，成績評価の観点として，「楽しい」「意欲がある」「協力している」などを用いることには注意が必要である．通知表の記入の際には，到達したかしないかではなく，子どもの実際の行動の様子を文章で記述する方法が望ましい．

なお，国立教育政策研究所教育課程研究センターのホームページには2010年に開発された小学校全教科の「評価規準」の例が掲載されている．

（5）「運動の楽しさ」の評価

体育科の授業を「楽しい」と感じる子どもたちが多いこともあり，体育科の授業が成功したかどうかの判断の基準を，子どもたちが授業を「楽しい」と感じたかどうかに求めようとする主張がある．たしかに，学校外や学校卒業後も身体運動に親しむ子どもを育てようとする生涯スポーツの考え方からすると，体育科の教科の目標として，楽しく積極的に運動や練習をしようとする意欲や関心を育てることは重要なことである．ただし「楽しさ」という主観的な感情は，到達点が明確でなくその変容に長い時間が必要な方向目標の性格を持つため，単元前後でその目標に到達したかどうかを判断することはできないものである．

もちろん，子どもたちが「楽しい」と感じているかどうかは，教師が教育活動を改善するために非常に有益な情報となる．ただし，授業のなかで子どもが何を楽しいと思うかは，非常に多様であり個人差も大きい．そこで，子どもたちの「楽しさ」を調べる場合，子どもたちが何を「楽しい」と感じたか，何を「楽しくない」と感じたのか，「楽しい」理由を同時に調査することは，教師の指導の改善に有益な情報を提供してくれる．

例えば，多くの子どもが「楽しい」というボール運動の理由の調査をした結果が次の表1.5.1である．この調査によれば，多くの子どもが「楽しい」と感じるボール運動の授業でも，かならず「楽しくない」と感じる子どもがいると

表1.5.1 「ドーナツボール」の「楽しい」理由，「ドーナツボール」が「心に残った」理由の分類（数字はのべ人数，○内の人数は「楽しくない」と回答した子どもの数） (N：30名)

分類項目		「楽しい」「楽しくない」理由			理由小計	「心に残ること」		
		11/28	12/12	1/31		12/12	1/31	小計
運動技能	1	10	13+①	14	37+①	9	14	23
	2	0	0	5	5	1	4	5
	3	1	2	1	4	1	0	1
	4	2	3	3	8	0	1	1
小計		13	18	23	54+①	11	19	30
動作	5	11+②	14	8	33+②	0	1	1
勝敗	6	1	3	8	12	16	11	27
学習集団	7	0	0	1	1	0	0	0
	8	①	0	①	②	1	1	2
	9		1	0	1	1	7	8
小計		①	1	1+①	2+②	2	8	10
その他	10	4	6+①	2+①	12+②	1	4	5

分類項目の内容
 1. 試合でシュートできたから・できなかったから
 2. どうすればシュートできるかわかったから
 3. 作戦を立てることがたのしいから
 4. 上記の他の運動技能
 5. 投げたり走ったりするのがたのしいから
 6. 自分のチームが試合に勝ったから・負けたから
 7. できない人に教えてあげたから・教えてあげなかったから
 8. うまい人に教えてもらったから，教えてもらえなかった
 9. できなかった人ができるようになったから：みんなができるようになったから
 10. その他

いう事実を知ることができる．試合中にボールをさわれなかったり，シュートできなかったりすることを「楽しくない」と感じる子どもの存在は，その子どもがボールをさわれるようにするためにはどのような練習をする必要があるのか，試合のルールはそのままでいいのかという指導の改善への情報を与えてく

れる．また，体育はグループで練習する学習形態をとる場合が多いが，子どもがグループ内の男女対立などの人間関係を「楽しくない」という理由に挙げた場合，体育科の授業での指導に加え，学級集団全体への生活指導が必要になることも多い．

また，表1.5.1は，運動することそのものが楽しいというレベルから，自分が得点することへ，さらには自分のチームが勝つことへと「楽しさ」の対象が移ることを示している．この調査は，母数が少ないので一般的な傾向とはいえないが，指導している子どもたちの「楽しさ」の対象の変容を教師が把握することは，指導の課題の中心をどこに置くのかを決定することに有益な情報を提供してくれる．つまり，教師が教えたい課題が，子どもたちが「楽しい」と感じる対象と大きくずれる場合，その理由を教師は考える必要がある．その場合，ボール運動であれば練習の課題や試合のルールを変更すべきなのである．

（6） 長期見学の子どもや心身に障害を持つ子どもの評価

体育の授業は，運動することを通じて動作のコツや運動の仕方を学ぶことが中心となる．そのため，病弱児や肢体不自由児などの評価が問題になることが多い．子どもの健康状態によるが，まったく身体運動ができない場合にも，作戦作りや練習方法の決定などのグループ活動に参加したりすれば，その学習の範囲内で評価することができる．また，病弱児のための特別な体育科の授業を設け，その子どもの健康状態に応じた運動課題を工夫すれば共通の到達目標を基準として評価できる場合もある．この際の評価の基準は他の子どもたちと共通にする必要はない．

また，交流学習として障害児学級の児童が通常の学級の体育科の授業に参加する場合がある．このような場合には，運動の練習など共有できる課題を設定するとともに，その子どもの発達段階に応じて必要な課題が別に設定されることも多い．別の課題が設定される場合には，その課題への到達の有無により評価の基準が設定される．また，他の子どもと課題を共有した場合，障害児の発達段階に応じて他の子どもと異なる評価の基準を設定する必要が生じてくる．

4. 体育科の評価の実際

(1) 評価計画の作成

　評価計画は，教師が教えたい目標がどのような性格をもっているのかを分析することから始まる．なぜならば，「目標に準拠した評価」を具体化しようとすると，達成を判断する評価の基準を提供できる目標とそうではない目標を区別する必要があるからである．

　前者は，達成したかどうかの基準を提供できる到達目標であり，主に知識や技能などが含まれる．単元レベルで到達目標を設定する場合は，その単元ですべての子どもに到達させたい基礎的な知識や技能に限定する方が望ましい．たとえば，マット運動を教材とする場合，どの子どもにも教えたい単元の到達目標は，「倒立や側転の技術ポイントがわかり，腰の上がった倒立や側転ができる」のように，個々の技という技能ができることや，その技のコツという知識がわかることである．この運動に関する技能や知識は到達点を示すことができるので，達成を判断する基準としても活用できる．

　後者の目標は，方向目標と呼ばれ，「マットが好きだ」「マットが楽しい」という教材への意欲や関心，「友達と協力する」などの交流能力，「できなかった〇〇ちゃんができてよかった」「みんながうまくなることが大切である」という価値観などがある．人間の情意的な性向は方向目標で示される場合が多い．これらは，ここまで変わればよいという到達点があるわけではなく，その方向により深く進んでいくことが求められる目標である．そのためにこの目標は，達成を判断する基準としては活用できない．

　さらに，体育には，到達目標とされる運動技能を習得させるために体験させておきたい感覚や動作が数多くある．たとえば，側転を教えるためには，ウサギの足うちや川跳びで腕支持と体重移動の感覚をたくさん体験させておく必要がある．このような到達目標の達成のために子どもたちに体験させておきたい感覚や動作は体験目標と呼ばれる．この体験目標の指導の成果は，到達目標の達成に結果として現れるので評価の対象にする必要はない．

　評価の実際は，その役割に注目すると，診断的評価，形成的評価，総括的評

価に区分される.「～ができる」「～がわかる」という形で示される到達目標は,生徒の行動にあらわれるので観察やテストで測定しやすく,評価計画に具体化しやすい.しかしながら,指導の改善のために情報を収集する目的からすると,方向目標とされる子どもの意欲や関心は,教材や指導法のよしあしを知らせる重要な情報を提供してくれる.それらの方向目標の変容を把握し,単元計画の修正や子どもへの指導方法を見直す契機とすることが必要である.

表1.5.2は,渡辺明博先生が1996年度に3年生30人に20時間指導した単元の評価計画の例である.

「ドーナツボール」は,コートの両端にある二重円に囲まれたポートボール台の上にのった敵のカラーコーンを円の外からボールで当てて落とし,カラーコーンの落ちた数を得点化して競うゴール型のボール運動教材である.

(2) 診断的評価

診断的評価は,授業の前に行うもので,単元計画を立てる際に,学級の子どもたちが教えたい教材の運動技能の前提となる知識や技能をどの程度持っているかを調べ,単元計画の作成に活用するものである.診断的評価の例として,ボール運動と器械運動の例を以下に示す.表1.5.3は表1.5.2で示した「ドーナツボール」で単元前に行った遠投調査の結果の一部である.この調査の結果,遠投10m未満の子どもに回復指導がなされるとともに,カラーコーンを囲む外円の直径が6mとされた.表1.5.4は,森川敦子先生が2000年度に4年生に11時間指導したマット運動のもち技調べの結果である.これは単元前に行った診断的評価であり,この結果に基づき単元の到達目標が,「①『よい演技』をつくるための条件がわかり,採点のポイントやその配点を決めることができる.②倒立や側方倒立回転の技術ポイントがわかり,腰の上がった倒立や側方倒立回転ができる.③技の組み合わせ方やつなぎ方を考え,グループや個人で演技をつくることができる.④観点を決めて友だちの演技を観察し,採点規則に基づいた適正な採点ができる.」と設定された.

診断的評価の際,教材に対する子どもの好き嫌いを調査することは単元の展開を計画することに役立つことが多い.図1.5.2は,森川先生がもち技調べと

表1.5.2 「ドーナツボール」の単元展開と評価計画

次	日時（場所）	教師の教授活動	子どもの学習活動	形成的評価の実施
	10/22：体育館	診断的評価：① 遠投能力調査 ② 捕球能力調査 ③ 投球コントロール調査		
	以後数回回復指導	① まとあて練習（体育授業前の5分間，1辺1mの正方形の的に全力で5回投げてあてる）		
		② 遠投練習（休憩時間に遠投10m未満の児童を対象に遠投の練習）		
1	① 11/20	オリエンテーション	・準備運動とシュート練習	体育ノート（宿題：以下略）
	② 11/27	ゲームの仕方の説明・ゲームのはじめ方と進め方	・準備運動をする・ゲーム①	体育ノート・形成的評価アンケート①体育アンケート（11・28）
2	③ 11/30-1	ゲームに慣れさせる	5本シュートの練習＋ゲーム②	ゲーム記録（触球数＋シュート数）
	④ 11/30-2	ゲームに慣れさせる	ゲーム③	ゲーム記録・体育ノート
	⑤ 12/3（教室）	前時のゲームのビデオ視聴	・ビデオを見て防御がいるとシュートが難しいことに気づく	
	⑥ 12/4	敵のいない場合にどのような投げ方をすればシュートが成功するのか理解し実行させる	5本のシュート（敵の人数3種類・敵なし5本，敵1人5本，敵3人5本）	体育ノート
	⑦ 12/6-1		敵のいない5本シュートの練習 ゲーム④	ゲーム記録
	⑧ 12/6-2（教室）	複数の敵に守られたときは，敵のいないところにいる味方にパスをして，シュートさせる作戦の必要を理解させる	班で話し合って，複数の敵に守られたとき，シュートを成功するためにどのような攻め方が有効かを考える	体育ノート
	⑨ 12/11	・味方の投げたパスを受けてシュートする方法とタイミングを理解し実行させる	・味方2人組でパスを投げて受け，1人の敵が邪魔に来る前にボールを受けてシュートする練習①	体育ノート・形成的評価アンケート②体育アンケート2-1（12・12）
	中略	中略	中略	中略
3	⑲ 1/29	・ゲームに出る人の中で誰がまだシュートしていないかを明らかにしその者にパスを出させる	ゲーム⑩・作戦時間に，シュート未成功者にシュートさせるための作戦を考える	ゲーム記録・形成的評価アンケート③体育アンケート2-2（1・31）
	⑳ 2/1-1（教室）	・ゲーム記録を見せシュートがまだ一部に偏していることを理解させる．	・シュート未成功者がシュートできるようなゲームのメンバーの構成と作戦を班で話し合ってつくる	
	21：2/1-2		ゲーム⑪	ゲーム記録・体育ノート
総括評価	2/3（教室）	総括的評価テスト：ドーナツボールプリント②総括的評価アンケート：体育アンケート3，学習集団アンケート		
	2/4	① 遠投能力調査 ② 捕球能力調査 ③ 投球コントロール調査		

表1.5.3 「ドーナツボール」の遠投調査（診断的評価，総括的評価）N：29名

3年1組		10月22日調査					2月4日調査			
		遠投距離	遠投距離順位	コントロール	捕球相手	捕球回数	遠投距離	コントロール	捕球回数	遠投距離伸び率
1	A	16.7	2	10	O	10	17	10	10	101.8%
2	B	13.9	6	10	P	10	14.6	7	10	105.0%
3	C	15.5	4	10	Q	10	21	10	10	135.5%
4	D	5.0	28	9	R	8	8	7	2	160.0%
5	E	16.2	3	9	S	8	16.8	9	9	103.7%
	（中略）									
30	平均	9.13		8.21		7.464	10.44	7.57	7.50	117.5%

表1.5.4 マット運動のもち技調べ（診断的評価）N：22名

no	名前	前転	開脚前転	後転	開脚後転	バランス	倒立	側方倒立回転	合計	平均
1	A	3	1	2	1	1	2	3	13	1.86
2	B	1	1	2	1	1	1	2	9	1.29
3	C	2	1	1	1	1	1	2	9	1.29
4	D	2	2	2	2	2	3	3	16	2.29
	以下略								143	
	合計	57	29	46	36	41	43	40	290	
	平均	2.71	1.38	1.91	1.71	1.95	2.04	1.90		1.38

合計の点数は，◎（3点），○（2点），△（1点）として計算し，その平均を求めたもの．

同時に行ったマット運動の好き嫌いとその理由の調査の結果である．

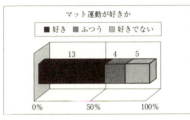
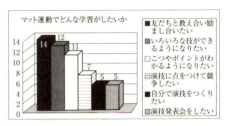
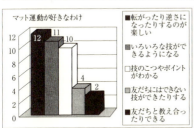
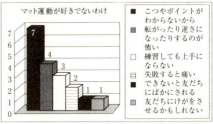

図1.5.2 マット運動の好き嫌いとその理由の調査結果（診断的評価）（n：22名）

表1.5.5 「ドーナツボール」の触球数調査とシュート調査の結果（形成的評価）

		11月30日			11月30日			12月6日			中略	1月29日			2月1日			2月1日			合計				
		さわった数	シュート数	成功数	さわった数	シュート数	成功数	さわった数	シュート数	成功数		さわった数	シュート数	成功数	さわった数	シュート数	成功数	さわった数	シュート数	成功数	試合でた数	さわった数	シュート数	成功数	1回のゲームでさわった数
4班	A	2	2	0	6	5	0	6	4	2		4	1	0	3	2	2	3	2	1	13	39	26	10	3
	B	2	1	0	1	0	0					3	1	0	2	2	1	2	2	1	11	19	12	5	1.7
	C	3	2	0	1	0	0					4	4	1	2	0	0	2	1	0	12	17	9	1	1.4
	D							3	2	0		1	0	0	1	0	0	4	3	1	11	17	5	2	1.5
	E	1	1	0	3	3	1	2	0	0		1	0	0	1	0	0	4	3	1	14	16	11	3	1.1

（3）形成的評価

すでに「指導と評価の一体化」の項で形成的評価の重要性を指摘した．これは，授業の過程や単元過程または単元終了時に行う評価であり，その結果は教師の指導と子どもの学びの改善に生かされる．表1.5.5は「ドーナツボール」の単元の過程で行われた，子どものボールにさわれた回数とシュートした回数

```
┌─────────────────────────────────────────────────────┐
│     体育アンケート　2（　）班　　なまえ（　　　　　）│
│ 1．体育の「ドーナツボール」はたのしいとおもいますか，たのしくないとおも│
│   いますか．どちらかをまるでかこんでください．      │
│     たのしい　　　　　　　　たのしくない          │
│                                                     │
│ 2．「ドーナツボール」がたのしいとおもう人はなぜたのしいとおもいますか，た│
│   のしくないとおもう人はなぜたのしくないとおもいますか，そのりゆうをかい│
│   てください．                                      │
│                                                     │
│ 3．これまで体育でやった「ドーナツボール」のじゅぎょうについて，こころに│
│   のこったことがあればじゆうにかいてください．      │
└─────────────────────────────────────────────────────┘
```

図 1.5.3 「ドーナツボール」の形成的評価に用いた体育アンケート

の調査である．この調査結果をもとに，渡辺先生は子どもの練習の方法を工夫し，シュートしていない子どもがシュートできる作戦をたてるよう班に指示したりした．

また渡辺先生は，楽しさとその理由を聞く図1.5.3の「体育アンケート」を単元の過程で3回実施し，子どもの楽しさの変容を形成的に評価した．その結果を示した表1.5.1によれば，11月28日の最初のゲームの後で楽しくなさそうと答えた子どもが3名いる．渡辺先生はこの理由を学級通信「なかまいっぱい」にのせて11月30日の授業で配布し，子どもたちに紹介した．3人の楽しくなさそうな理由とは，味方からボールがもらえずゲームでボールをさわれなかったということであった．渡辺先生は，「チームのみんなが，ゲームでシュートができるように練習する」という目標を子どもに意識化させるため，アンケートの結果を利用したのである．子どもの「楽しさ」や「感動」を評価した結果，「楽しくない」という「つまずき」を示す否定的な回答が，その後の授業の改善に役立つ場合も多いのである．

（4）総括的評価

単元終了後に実施される総括的評価は，子どもの学習結果を「測定」し「評定」を行う際の基礎的資料を提供する役割を持つ．表1.5.6は，森川先生の

4. 体育科の評価の実際   89

表 1.5.6 マット運動の到達目標の達成度（総括的評価）

班	名前	技能 （演技のできばえ）	演技づくりの知識	採点の適正さ	総合評価
1	A	◎	○	○	B
1	B	◎	◎	○	A
1	C	○	◎	○	B
1	D	○	○	—	A
2	E	◎	◎	○	A
2	F	◎	◎	○	A
2	G	○	◎	○	B
	以下略				

★技能についてはマット大会の演技のビデオを評価の資料とした．
★知識については学習カードの記述や授業中の発言を評価の資料とした．
★採点の適正さについてはミニ発表会やマット大会での採点を評価の資料とした．

評価　A…… 9名
　　　B……14名
　　　C…… 0名

　マット運動の単元終了後の到達目標の達成度を示している．測定の方法は演技のできばえという動作と演技づくりの知識と採点適正さという内容にしたがって異なっている．1班のD児は障害児学級から交流学習にきている子どもであり，共通した到達目標に関して異なった評価の基準を適用して評定されている．この総括的評価の結果は学期末に渡される通知表の評定に活用される．

　もちろん，この総括的評価の結果は，子どもの評定に活用されるだけでなく，単元全体の目標，教材計画，指導方法の的確さを判断するための情報も提供する．表1.5.6の到達目標の達成度に加え，森川先生は図1.5.4に結果を示したマット運動の楽しさとその理由のアンケートを総括的評価として行った．この結果は，倒立や側方倒立回転の技術ポイントがわかり，腰の上がった倒立や側方倒立回転ができることを共通の到達目標に設定したこと，さらに班でお互いのできばえを相互に評価しながらうまくなるようにすすめた授業の形態が子どもにとって「楽しい」授業であったことを示している．

1. 今回のマット運動は楽しかったですか

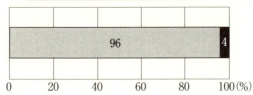

2. 楽しかった理由はなんですか

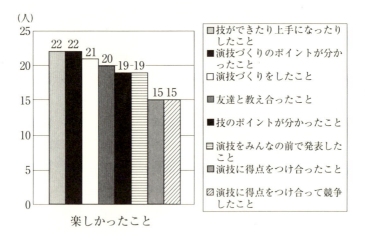

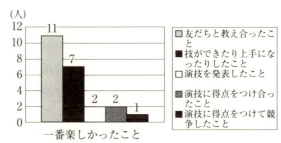

図1.5.4 マット運動の楽しさとその理由の調査結果（総括的評価）
（n：23名）

引用・参考文献

1. 宇土正彦編（1981）体育学習評価ハンドブック．大修館書店．
2. 木原成一郎編著（2014）体育授業の目標と評価．広島大学出版会．
3. 木原成一郎・大貫耕一編著（2004）教えと学びを振り返る体育の評価．大修館書店．
4. 木原成一郎編（2010）初等体育科教育学．協同出版．
5. 京都の体育科到達度評価の実践編集委員会編（1982）京都の体育科到達度評価の実践．地歴社．
6. 小林一久編（1982）体育科授業改造入門．明治図書．
7. 文部省（1991）小学校体育指導資料：指導計画の作成と学習指導．東洋館出版社．

＜付記＞

本章は，木原成一郎（2010）体育科の評価．徳永隆治・木原成一郎・林俊雄編　新版初等体育科教育の研究．学術図書出版社，pp.75-97．をもとに，2017年の学習指導要領改訂の趣旨をふまえて加筆・修正を行ったものである．

第 2 部

第1章　体つくり運動
第2章　機械・器具を使っての運動遊び／器械運動
第3章　走・跳の運動（遊び）／陸上運動
第4章　水遊び／水泳運動
第5章　ゲーム／ボール運動
第6章　表現リズム遊び／表現運動
第7章　保健

第1章 体つくり運動

1. 体つくり運動の特性とねらい

　体つくり運動が求められている背景には，子どもの体力と運動習慣の二極化がある．子どもの体力は1980年頃から低下傾向に歯止めがかからない状況があった．体力低下の直接的要因は身体活動量の減少が考えられる．その身体活動量の減少に関わる要因として，体育の授業時数の減少，表面的な楽しい体育といった授業の質の変化，体育的学校行事の縮小化，外遊びや運動・スポーツをする空間・時間・仲間（三間）の減少，食事や睡眠といった生活習慣の悪化による体調不良，などがあげられる．また，仲間との関係がうまく築けない，運動意欲が低い，運動をしないなど，子どもたちの心と体の問題もあげられ，体力向上や運動に親しむ資質・能力の育成が課題となった．子どもたちの遊びや生活習慣が大きく変わり，体を動かす機会や動きの種類が減少し，普段の遊びの中で自然に身についていた動きが身についていないといった現状が指摘されている．

　そういった中で，2008年の学習指導要領では体力の向上をねらいとして，小学校低学年から「体つくり運動」が導入され，各学年で指導することとなった．2017年の学習指導要領においても「体つくり運動（遊び）」は全学年で指導することが示されている．

　体つくり運動の学年に応じた内容構成は次のとおりである．

　体つくり運動は，体を動かす楽しさや心地よさを味わい運動好きになるとともに，心と体との関係に気づいたり，仲間と交流したりすることや，様々な基本的な体の動きを身につけたり，体の動きを高めたりして，体力を高めるために行われる運動である．体つくり運動の領域は，低学年は「体つくりの運動遊び」，中・高学年は「体つくり運動」で構成されている．「体つくりの運動遊

表 2.1.1 体つくり運動の内容構成

低学年	中学年	高学年
体つくりの運動遊び	体つくり運動	
体ほぐしの運動遊び 多様な動きをつくる運動遊び	体ほぐしの運動 多様な動きをつくる運動	体ほぐしの運動 体の動きを高める運動

び」については，「体ほぐしの運動遊び」及び「多様な動きをつくる運動遊び」で構成し，「体つくり運動」については，中学年は「体ほぐしの運動」及び「多様な動きをつくる運動」で，高学年は「体ほぐしの運動」及び「体の動きを高める運動」で構成している．

　それぞれの運動（遊び）の特性を説明していく．

（1） 体ほぐし運動（遊び）の特性とねらい

　「体ほぐしの運動（遊び）」は，1998年の学習指導要領において新たに導入された内容であり，2008年の学習指導要領においても，子どもたちの体力低下に対応して，小学校低学年・中学年も含めた全学年の「体つくり運動」領域の内容として位置付けられた．

　「体ほぐしの運動（遊び）」の導入の背景には，近年の子どもをめぐる生活環境の急激な変化があり，それが体力や運動能力の低下，運動への二極化現象とともに，多くのストレスを抱え緊張した子ども，他者とうまく関われない子ども等，その心と体をめぐる様々な問題が指摘されている．こうした子どもたちに対して，心と体を開放しながら，仲間と群れて行う身体的な動きを回復し，豊かな身体感覚を身に付けていくことをねらっている．

（2） 多様な動きをつくる運動（遊び）の特性とねらい

　「多様な動きをつくる運動（遊び）」は，体を動かす楽しさや心地よさを味わいながら，様々な動きを経験することで，動き方を知っていくことや「体のバランスをとる運動（遊び）」「体を移動する運動（遊び）」「用具を操作する運動遊び」「力試しの運動（遊び）」の4つの運動（遊び）をバランスよく扱い，他

の領域において扱われにくい様々な基本的な動きを身につけることをねらいとしている．「多様な動きをつくる運動（遊び）」は，体のバランスをとったり移動したりする動きや，用具を操作したり力試しをしたりする動きを意図的に育む運動遊びを通して，体の基本的な動きを総合的に身につけることをねらいとして行う運動であるため，それぞれの運動領域を意識した動きではなく，あくまでも基本的な動きであり，できる動きを増やすことで，将来的に体力の向上や技能の獲得をめざすものである．

（3） 体の動きを高める運動の特性とねらい

2017年の学習指導要領において，体の動きを高める運動では，体力の必要性や体の動きを高めるための運動の行い方を理解するとともに，自己の課題を踏まえ，直接的に体力の向上をねらいとして，体の柔らかさ，巧みな動き，力強い動き，動きを持続する能力を高めるための運動を行うことが示されている．

　直接的に体力を高めるためにつくられた運動であり，「体の動きを高める運動」では，児童が自己の体力を把握し，体力を高めるためにねらいをもって運動するところに他の運動との基本的な違いがある．

2．体つくり運動の内容と指導のポイント

（1） 体ほぐしの運動（遊び）の内容と指導のポイント

　「体ほぐしの運動（遊び）」は，気軽にすぐにできる易しい運動であること，他者との触れ合いや関わり合い（交流）」の形態を中心に進められる運動であること，リズミカルな動きやスリリングな動き，力のオン・オフやその加減がわかるような運動など，多様な身体感覚や身のこなしを自然に身につけると同時に運動の楽しさや心地よさを体験する運動である．

　低学年の「体ほぐしの運動遊び」については，心と体の変化への気付き，みんなで関わり合うことがねらいとなっている．低学年では体を動かすと気持ちがよいことや，力一杯動くと汗が出たり心臓の鼓動が激しくなったりすること

など，運動することと自分の体の変化が結び付いていることに気付けるよう指導することが求められる．

中学年における「体ほぐしの運動」については，低学年と大きな違いがあるわけではない．小学校では友達との交流がねらいなので，それらが有効な時期，例えば新学期に位置づけたり，少々クラスの人間関係に課題があるときなどに取り組んだりすることが有効である．心や体の変化への気付き，みんなで関わり合うことがねらいなのは低学年と同じである

また，高学年では，手軽な運動を通して自己や仲間の心と体との関係に気付いたり，仲間と関わりあったりするとともに，低学年・中学年での学習を踏まえ，自分たちでテーマを決めて運動を選ぶことができるようにする．中学年までは，教師が体ほぐしの運動を紹介して，それを子どもたちが楽しく取り組んでいく学習の進め方が主流だが，高学年ではテーマを決めて，それにふさわしい運動をこれまで体験したものから選んで行えるようにしていきたい．

【具体例】
1)「ねことネズミ（追いかけっこ）」
　① ねこチームとネズミチームに分かれて横一列に並ぶ．
　②「ね，ね，ね，ねこ（もしくはネズミ）」と呼ぶ．
　③ 呼ばれたチームが呼ばれなかったチームを追いかけてタッチする．
　④ 呼ばれなかったチームは，ラインまで逃げ切るように走る．
2)「全身じゃんけん」
全身を使ったじゃんけんをする．
（例）グー：しゃがむ
　　　チョキ：手を合わせ，足は前後に開く
　　　パー：両手と両足を大きく開く
3)「背中で押し合って立つ」
ペアになって背中を押し合って立つ．
　① 腕を組む
　② 腕を組まない

（2） 多様な動きをつくる運動（遊び）の内容と指導のポイント

多様な動きをつくる運動（遊び）は，「(ア) 体のバランスをとる運動（遊び）」「(イ) 体を移動する運動（遊び）」「(ウ) 用具を操作する運動（遊び）」「(エ) 力試しの運動（遊び）」の4つの運動遊びに分類されている．また，中学年では「(オ) 基本的な動きを組み合わせる運動」が追加されている．

（ア）体のバランスをとる運動（遊び）

姿勢や方向，人数を変えて，回る，寝ころぶ，起きる，座る，立つ，渡る（中学年）などの動きやバランスを保つ動きで構成される運動（遊び）を通して，体のバランスをとる動きを身につけることができるようにする．

【具体例】

1)「二人でバランス」
　①二人一組となり，向かい合って両手をつなぐ．お互いの手首をつかむようにする．
　②両足のつま先をつけて立った姿勢から扇のように体を開く．
　③今度は背中合わせに立って，後ろで両手をつなぐ．手をつないだままお互いに前方に体を倒して扇の形に開く．

2)「ケンケン列車」
前の人の足を持ってケンケンをする．人数を2人，3人と増やしていく．

（イ）体を移動する運動（遊び）

姿勢，速さ，リズム，方向などを変えて，這う，歩く，走る，跳ぶ，はねる，登る（中学年），下りる（中学年）などの動きで構成される運動遊びや一定の速さでのかけ足などの運動（遊び）を通して，様々な行い方で体を移動する動きを身につけることができるようにする．

【具体例】

1)「動物歩き」
いろいろな動物に変身して進む．
　例）手と足を使う（クマ・イヌ歩き），手だけを使う（アザラシ歩き）
　　　仰向けになって手と足を使う（クモ歩き），横向きになって（カニ歩き）

（ウ）用具を操作する運動（遊び）

用具をつかむ，持つ，降ろす，回す，転がす，くぐる，運ぶ，投げる，捕る，跳ぶ，用具に乗る，跳び越す（中学年）などの動きで構成される運動（遊び）を通して用具を操作する動きを身に付けることができるようにする．

【具体例】

1）「ボール渡しリレー」

① 5，6人で一列に並ぶ．

② 次々と後ろの子に頭の上から後ろへボールを渡していく

③ 最後の子は股の下からボールを送り，先頭までボールを戻す．

2）「ボール運び」

① 様々な部位（両膝や両足首に挟んで）でボールを1人で運ぶ．

② 友達と協力して，背中やお腹にボールを挟んでボールを運ぶ．

（エ）力試しの運動（遊び）

「低学年」について

人を押す，引く，運ぶ，支えるなどしたり，力比べをしたりするなどの動きで構成される運動遊びを通して，力を出し切ったり，力を入れたり緩めたりする力試しの動きを身に付けたりすることができるようにする．

【具体例】

1）「押し相撲」

尻押し相撲，背押し相撲，座り相撲，手押し相撲を行う．

2）「手押し車」

二人一組になって，1人は両腕で自分の体重を支え，もう1人は相手の膝あたりをしっかり持って進む．

「中学年」について

人や物を押す，引く，運ぶ，支える，ぶら下がるなどの動きや，力比べをするなどの動きで構成される運動の行い方を知り，力を出し切ったり力の入れ方を加減したりする動きができるようにする．

【具体例】

「ケンケン相撲」

　直径3m程度の円内からケンケンで押し相撲をして，相手を押し出す．

　(オ) 基本的な動きを組み合わせる運動

　バランスをとりながら移動する，用具を操作しながら指導するなど2つ以上の動きを同時に行ったり，連続して行ったりする運動を通して，基本的な動きの組み合わせた動きを身につけることができるようにする．

【具体例】

「バランスをとりながら移動する動きの組み合わせ」

　両肩にボールを担いで平均台を渡る．

　平均台を歩きながらボールをキャッチする．

(3) 体の動きを高める運動の内容と指導のポイント

　「体の動きを高める運動」は，体力の向上を直接のねらいとして行われる運動であり，子どもたち自身が自らの体力を把握し，自己の体力に応じて体力つくりが実践できることをねらいとする．

　(ア) 体の柔らかさを高めるための運動

　体の各部位の可動範囲を広げる体の動きを高めることをねらいとして行う運動．

　(イ) 巧みな動きを高めるための運動

　人や物の動き，または場所の広さや形状などの環境の変化に対応して，タイミングやバランスよく動いたり，リズミカルに動いたり，力の入れ方を加減したりする体の動きを高めることをねらいとして行う運動．

　(ウ) 力強い動きを高めるための運動

　自己の体重を利用したり，人や物などの抵抗に対してそれを動かしたりすることによって，力強い動きを高めることをねらいとして行う運動．

　(エ) 動きを持続する能力を高めるための運動

　1つの運動または複数の運動を組み合わせて一定の時間続けて行ったり，一定の回数を反復して行ったりすることによって，動きを持続する能力を高める

ことをねらいとして行う運動.

　これらの運動でポイントとなるのが，運動した結果として，自己の体力が高まったと実感できることである．高まりが実感できれば，運動意欲も高まる．○○を高めるための運動と示されているように，「体の動きを高める運動」は体力要素を高めるための手立てを学ぶものである．体力の向上がねらいではあるが，運動の数値向上だけに注目するわけではない．ただし，小学生の場合は，しっかり運動すると数値にも現れることが多いので，それをうまく活用したい．中には数値化しにくい運動もあるので，その場合は体感を大事にしたい．以前よりもスムーズにできた，楽に運動することができた，といった運動の感じである．体力は他人と比べるものではないので，記録の伸びや体感をもとに運動に対する意欲の持続につながるよう指導していきたい．

3．具体的な指導例

　本章では，低学年での単元計画を示し，低学年における45分間での授業展開例を示す．

（1） 低学年における単元計画（10時間）

時	学習活動	指導の内容と手立て
1	オリエンテーション 体ほぐしの運動 （だるまさんが転んだ）	○伝承遊びで歌ったり，リズムに合わせたりして，みんなで楽しむ雰囲気をつくる．
2〜4	体のバランスをとる運動遊び ○回る，寝転ぶ 　（くるっと回ってじゃんけんする） 力試しの運動遊び ○押す，引く，力比べ 　（押し相撲，引き合い遊び）	○一つ一つの動きを丁寧に行う． ○力試しの運動は，勝ち負けよりも友達が危なくないように，じわーっと力を強めていく．
5〜	体を移動する運動遊び	○体幹部をうまく使い，全身の協応性

102　第1章　体つくり運動

7	○這う，歩く，走る，跳ぶ 　（動物歩き：クマ歩き，アザラシ歩き，クモ歩き） 　用具を操作する運動遊び ○運ぶ 　（数人で背中とお腹でボールを挟んで運ぶ）	が身に付くように，手足をしっかり床につけ，自己の体を支えるようにする． ○友だちと動きと力とタイミングを感じながら，運動遊びを行う．
8〜10	力試しの運動遊び ○支える 　（遊具を使って自分の体を支える） 体のバランスをとる運動遊び ○座る，立つ 　（座った状態から立って走る）	○登り棒やうんてい等の固定遊具を使って，自己の体を支える運動遊びを行う． ○姿勢や方向を変えたりして，工夫した運動遊びで楽しむ．

（2）　低学年における授業案（活動例）①

分	学習活動	指導の内容と手立て
10	1　全身を使った運動 	○体を移動する運動遊び 「動物歩き」 手足を使って，動物歩きをする． 前後左右に自由に動き回る．
15	2　ペアで遊ぼう ①ペアでストレッチ 	○二人で交互に引っ張り合ってストレッチをする． ○無理に引っ張らずに相手に様子を聞きながらゆっくり引っ張るようにする．

	② ペアで引っ張り合う 	○両足のつま先をつけて立った姿勢から扇のように体を開く．二人で引っ張り合って，倒れないように支え合う．
	③ ペアで押し合う 	○背中を合わせて，背中に力を入れてお互いに押し合う．
15	3　グループで遊ぼう ① ケンケンパでじゃんけん 	○ケンケンパで進みながら，反対側から来た友達とじゃんけんをする． ○出会うときには，両手を合わせて止まるようにし，ぶつからないように気をつける
	② ボールをみんなで運ぼう 	○四人の体の間にボールを挟み，手で支えないようにして，落とさずにボールを運ぶ． ○慣れてきたら，グループ対抗でゲーム形式での競争もできる．
5	4　振り返り	

(3) 低学年における授業案（活動例）②

時	学習活動	指導の内容と手立て
15	1 全身を使って運動しよう ① 全身でじゃんけん  ② 遊具を使った運動遊び 	○ ペアになって，全身を使ってじゃんけんをする． ○ 相手の動きに対応しながら，体を大きく使っていろいろな姿勢をつくることができるようにする． ○ 登り棒にしがみついたり，登ったり，下りたりできるようにする．
10	2 いろいろな姿勢からスタートして追いかけっこをしよう．  	○ 追いかける側と終われる側が向かい合う．追いかける側は立ち，追われる側は座った姿勢でスタートする． ○ 追いかける側は座わり，追われる側がうつ伏せで横になった姿勢でスタートする．

3. 具体的な指導例

15	3 しっぽ取りゲーム 	○ 腰につけたしっぽを取られないように逃げながら，相手のしっぽを取る． ○ しっぽを取ったり，取られないように逃げたりするための身のこなしを養う．
5	4 振り返り	

引用・参考文献

1．徳永隆治・木原成一郎・林俊雄共編著（2010）新版 初等体育科教育の研究．学術図書出版社．
2．徳永隆治（2011）学習指導要領における体操と体つくり運動の変遷から見えてくるもの．体育科教育，59（1）：22-25．
3．白旗和也編著（2014）小学校体育これだけは知っておきたい「体つくり運動の基本」．東洋館出版社．
4．池田延行・村田芳子編著（2010）よくわかる「体つくり運動」の授業づくり．明治図書出版．
5．久保健監修（2016）これでわかる体ほぐしの運動．成美堂出版．

第2章 器械・器具を使っての運動遊び／器械運動

1. 器械・器具を使っての運動遊び／器械運動の特性とねらい

　器械運動系の領域は，一般的に子どもたちから嫌われやすい領域であるといわれている．その理由として，よく挙がってくるものは，「こわい」「痛い」「できない」「恥ずかしい」といったものであり，これらの要因は，相互に関係したものであると考える．子どもたちに器械運動に積極的に取り組んでいってもらうためには，これらの要因を一つ一つ解決していかなければならない．

　そして，それらの中で最も重要なものが，「できない」ことの克服であると考える．2017年の学習指導要領の解説においても，「器械運動系は，『回転』，『支持』，『懸垂』等の運動で構成され，様々な動きに取り組んだり，自己の能力に適した技や発展技に挑戦したりして<u>技を身に付けたときに楽しさや喜びを味わうことのできる運動である．</u>」(下線は筆者）と述べられている．器械運動系の楽しさが「できた」際の達成感であると考えると，少しずつでも，「できた」という経験を子どもたちに積ませていくことが大切になってくる．

　そのため，この「できる」を保障していくために，教師による器械運動系の技の系統性に関する理解が重要になってくる．器械運動系領域においては，それぞれの技が，運動形態や技術の類似性によってまとまりを持っている．また，それぞれのまとまりにおいて運動構造の単純な技から複雑な技への発展系列が存在している．さらに，それぞれの技を習得する際には，技の系統性だけでなく，その技の運動感覚に類似した運動（アナロゴン）を経験させていくことも必要になってくる．器械運動系の学習において，教師の教材に関する知識というものが，非常に大きな影響を与えるのである．

　また，器械運動系の指導において忘れてはいけないことが，技が「できる」

ということだけでなく，その「できばえ」に目を向けることである．ただ単にその技を行うことができたということで，次の新しい技に挑戦していくのではなく，その技をより美しく，よりダイナミックに，より安定してといったように，「できばえ」に目を向けていくことが重要である．また「できばえ」に目を向けていくことは，まだその技が完全に習得できてはいないものの，ここまでは「できている」という評価にもつながっていくと考える．

2. 器械・器具を使っての運動遊び／器械運動の内容と指導のポイント

2017年の学習指導要領における，器械運動系の領域構成は，表2.2.1にあるように2008年の学習指導要領からの変化は見られない．ここからは，それぞれの内容ごとに指導のポイントを説明していく．

（1） 固定施設を使った運動遊び

固定施設を使った運動遊びは，低学年にのみ示されている内容である．そのため，学校現場においても，あまり大きく扱わないといった状況があるように思われる．しかし，器械運動系領域の運動感覚を獲得する上で，ここでの内容は重要なものである．近年，子どもたちの外遊びの時間の減少が問題となっている．木登りといったものは，もちろんのこと，ジャングルジムや雲梯で遊ぶ

表2.2.1　器械運動系の内容

低学年	中学年	高学年
器械・器具を使っての運動遊び	器械運動	
固定施設を使った運動遊び		
マットを使った運動遊び	マット運動	
鉄棒を使った運動遊び	鉄棒運動	
跳び箱を使った運動遊び	跳び箱運動	

といったことを，普段の遊びの中で行ったことがないという子どもたちが増えてきている．以前は，こういった経験を普段の遊びの中で経験し，支持やぶらさがり，振動，手足での移動，逆さ姿勢，回転といった運動感覚を養っていた．しかし，現在では，子どもたちに自発的にこれらの運動経験を求めることは困難である．そこで，授業の中でこれらの運動経験ならびにその運動の楽しさを保障していくことが求められるのである．そうすることで，子どもたちが休み時間などにこれらの運動に自発的に取り組むことや，豊かな運動感覚の獲得につながっていくのである．

　そのためには，ジャングルジムや雲梯，登り棒，肋木，平均台などを，サーキットトレーニング的に行わせるといったものでは，不十分であると考える．これらの運動の中に，遊びの要素を上手く取り入れ，子どもたちに積極的に取り組みたいと思わせることが重要である．例えば，鬼遊び的要素を入れてジャングルジム鬼ごっこを行ったり，ごっこ遊び的要素を取り入れ，忍者になりきって遊んだりする機会をつくることが求められるのである．また，この内容で取り上げる運動を行うことで得られる運動感覚が，器械運動系の技を習得する上で，どのようにつながっていくのかという系統性に関する意識を，教師がしっかりと持っておくことも大切である．

（2）マットを使った運動遊び（マット遊び）／マット運動

　マットを使った運動遊び／マット運動の技は，回転系（前転，側方倒立回転など）と巧技系（壁倒立やバランスなど）に分類することができる．両腕での支持感覚や逆さ感覚，回転感覚といったものを，マット運動系でしっかりと子どもたちに習得させておくことが，鉄棒運動系や跳び箱運動系の技の習得にもつながっていく．

　そのためにも，低学年のマット遊びにおいて，その後のマット運動につながる運動感覚を養っておくことが大切である．このマット遊びでよく行われる運動の一つに動物歩きがある．その中でも，取り上げられることの多い四肢での歩行は，腕支持感覚や逆さ感覚を子どもたちにつかませる有効な運動である．ただし，子どもたちの四肢での歩行をよく観察してみると，色々なパターンが

2. 器械・器具を使っての運動遊び／器械運動の内容と指導のポイント　　109

あることがわかる．例えば，右手と右足，左手と左足を同時に出して進んでいくパターン（馬歩き）と，右手と左足，左手と右足を同時に出して進んでいくパターン（犬歩き）である．これらは，どちらの歩き方がよいというわけではなく，意識して使い分けるということが大切である．器械運動領域では，意識して自分の身体を操っていくことが重要である．そのため，四肢での歩行においても，ただやらせるだけでなく，色々な歩き方を意識して使い分ける練習をさせることが必要である．また，マット遊びでは，両腕での支持を中心とした運動だけでなく，転がりやジャンプ，バランスなどの様々な動きを取り入れていくことが重要である．さらに，それらの動きを組み合わせ，発表するといった工夫も必要であろう．

<馬歩き>

<犬歩き>

　次に，マット運動の技について，回転系の技と巧技系の技に分け，その指導のポイントについて簡単に説明する．まずは，回転系であるが，回転系は，さらに接転系の技と翻転系の技に分けられる．接転系の技のポイントで重要となってくる技術は，順次接地と回転加速の技術である．

<ゆりかご>

そのため,「ゆりかご」といった下位教材で,これらの技術の習得をしっかりと図っていくことが重要である.「ゆりかご」は,順次接地の技術だけでなく,しっかりと腰が浮き上がって座ることのできるところまで行うことで,かかとの引きつけによる前転の回転加速の技術も学ぶことができる.また,後転系を意識した「ゆりかご」の場合には,腰を一気に引き寄せることで,回転加速の技術を身に付けることができる.

<かえるの足打ち>

翻転系では,側方倒立回転の指導ポイントについて述べていく.側方倒立回転でのつまずきの一つに,肩を軸にした回転による体重移動がうまくできないということが挙げられる.そのためにも,下位教材である「支持での川とび」などを通して,この肩での体重移動に慣れておくことが必要になってくる.また,倒立状態に慣れておくということも重要であるため「かえるの足打ち」といった教材をしっかりと行っておくことも必要である.さらに,倒立に入る方向を少しずつずらすことで,側方倒立回転に入る構え方や足の振り上げ動作を身につけていくことも有効な練習方法である.他にも,補助を行ったり,手形足形といった教具を活用したりしていくことも重要になってくる.

<支持での川とび>

最後に,巧技系の技のポイントについて簡単に述べていく.巧技系では,倒立系の技が一番取り上げられる.倒立は,マット遊びや,先に示した「かえるの足打ち」や壁倒立,補助倒立などを通して,段階的,継続的に練習していくことが必要である.そして,この倒立系の練習で得た感覚は,他の技の上達に

も有効に働いていく．また，色々な技を組み合わせる際には，回転系や倒立系だけでなく，それらのつなぎ技として巧技系のバランスやジャンプを取り入れていくことで，変化のある個性的な演技を構成することができる．そのため，ジャンプやバランスについても，マット遊びの段階から取り入れていくことが大切である．さらに，これらの豊かな演技構成の連続技を，シンクロマットや集団マットといった形で取り組んでいくこともマット運動の面白さである．

（3） 鉄棒を使った運動遊び（鉄棒遊び）／鉄棒運動

　鉄棒運動の技は，上がり技，支持回転系の技，下り技に分類することができ，授業の中で連続技を構成していく際には，これらの技から演技を選び構成していくことが一般的である．また，これらの技のグループのまとまりごとに指導していくことも多いと考える．しかし，ここでは，鉄棒運動の系統性に着目し，前方回転の技と後方回転の技に大別し，ポイントを述べていく．

　まず，鉄棒遊びであるが，ここでは，鉄棒の握り方や懸垂，支持，回転，逆さ感覚などを身に付けさせていきたい．そのため，「つばめ」や「ふとんほし」，「だんご虫」といった基礎的な技からしっかりと取り組む必要がある．ただし，これらの技は，非常に容易なものである．ただ単に「できる」ということだけであれば，それほど苦労しない技である．そこで，その「できばえ」に注目することが大切である．例えば，下図にあるように「つばめ」を見てみると，大きな違いがあることがわかる．より「できばえ」のよい形で練習してい

＜「つばめ」の「できばえ」＞

・鉄棒に寄りかかっている．
・肘が曲がっている．
・背中が丸くなってしまっている．

・鉄棒に寄りかからずに支持できている．
・肘が伸びている．
・背筋が伸びている．

かないと，次の技へのつながりが薄くなってしまう．また，小学校では高鉄棒を使うことはほとんどない状況であるが，高鉄棒を利用した懸垂振動系の運動も，鉄棒運動の基礎を養う上で有効である．

次に，後方回転の技を指導していくためのポイントについて述べていく．後方回転系において重要なポイントが，身体を締めて（体幹に力を入れて身体をまっすぐにして）後ろに倒れるということである．後ろに倒れることが怖いと，身体が反ってしまったり，腰から倒れていってしまったりして，鉄棒から身体が離れていってしまうのである．怖さを軽減していくため，鉄棒遊びでの「足抜き回り」や，マット運動での後転により，後ろに回ること自体に慣れておくことが必要である．さらに，身体を締めて，厚いマットに向かって「後ろに倒れていく練習」などを行うことも有効である．また，後方回転系の技というと，多くの場合，一番に逆上がりが挙げられる．確かに，後方回転系で最初に取り組むべき技ではあるのだが，この技ができないと，後方支持回転や後方片膝掛け回転ができないと考えられがちである．しかし，後方支持回転や後方片膝掛け回転の練習で得られる感覚が逆上がりに役立つことも多いため，逆上がりができていなくとも，これらの技を経験することには意味があると言える．特に，後方片膝掛け回転は，片足を鉄棒に引っ掛けている分，後ろに倒れる恐怖心が軽減されたり，補助が行いやすかったりするため，早い段階から取り組んでいく価値のある教材だと考える．

＜後ろに倒れていく練習＞

最後に，前方回転の技を指導していくためのポイントについて述べていく．前方回転系で重要になってくるのが，回転中に上半身を前屈することで腰角を

減少させ回転スピードを上げることと，元々の回転スピードを上げるために上半身をしっかりと倒していくことである．上半身の倒し込みに関しては，正しい「つばめ」の姿勢から，しっかりと倒れていくことが必要である．回転中の上半身の前屈については，まずは，「ふとんほし」から振動することで，上半身の使い方を覚えることが大切である．さらに，抱え込み前回り（だるま回り）を練習していくことで，上半身を使っての回転加速を覚えていくことが有効である．また，抱え込み前回りの初期の学習においては，「ふとんほしの振動」から抱え込み前回りを行うことが，より上半身の使い方の理解を促すと考える．

＜ふとんほしの振動＞

（4） 跳び箱を使った運動遊び（跳び箱遊び）／跳び箱運動

　跳び箱運動の授業では，しばしば，より高い跳び箱を跳び越えることに価値が置かれ，開脚跳びや抱え込み跳びばかりが教材として取り扱われている状況がある．このような指導は，子どもたちに恐怖心を抱かせる要因となってしまうことがある上に，跳び箱運動の特性からも外れたものとなってしまう．跳び箱運動では，高さへの挑戦ではなく，自分の体格に適した跳び箱でどれだけ技の「できばえ」を高めることができるかが重要である．ここでは，跳び箱運動系の系統性に着目し，切り返し系の技と回転系の技に分けて，指導のポイントを説明していく．

　まずは，跳び箱遊びの指導のポイントについて述べていきたい．跳び箱遊びを行う際には，必ず跳び箱を使用しなければいけないと考えがちである．しか

し，まずは，跳び箱を使わずに跳び箱運動に必要な感覚を養っていくことも大切である．その際に有効な運動が「うさぎ跳び」である．跳び箱を跳び越す際の踏み切り→着手→着地という一連の動作は，跳び箱運動に独特の動きである．そのため，いきなり跳び箱を使って，このような動きを身に付けようとすると，恐怖心を持ってしまい上手く習得できないことがある．そこで，マットの上などで「うさぎ跳び」を行い，踏み切り→着手→着地といった動きを習得させていくことが有効である．さらに，跳び箱を利用する際にも，安全確保のため，跳び箱から跳び降りるといった着地から練習することも大切である．また，跳び箱運動の両足踏み切りは，子どもたちがあまり経験したことのない動きである．そのため，ケンケンパを使ったり，跳び箱に跳び乗ったりしながら丁寧に練習していきたい．また，両足踏み切りの指導の際には，両足踏み切りの一歩前の足が，片足踏み切りの際の踏み切り足になるということに着目させることも有効だと考える．その他，タイヤ跳びや馬跳びといった遊びも積極的に取り入れると良いと考える．

＜うさぎ跳び＞

次に，切り返し系の技を指導していくためのポイントについて述べていく．切り返し系の技は，跳び箱運動の授業で最も取り上げられる跳び方であるが，恐怖心を持っている子どもも多いのが実際である．そのため，跳び箱遊びにおいて，手の着き方，両手で身体を支えて移動する感覚，逆位の感覚，空間での位置感覚などを身につけさせておくことが大切である．特に，前述した「うさぎ跳び」は，マットでできるようになったら，跳び箱に跳び乗る形で実施していくと良い．この練習は，着手位置を越えて足が着けるようにすると，閉脚跳びの練習にも有効である．また，跳び箱にまたぎ乗った姿勢から前方に手を着いて，肩に体重を乗せて移動させ，閉脚で着地させたりする練習も効果的である．

最後に，回転系の技を指導していく際のポイントである．まずは，台上前転であるが，この技のポイントは，しっかりとした踏み切りから腰を高く上げ，着手した腕でしっかり支えながら回ることである．しかし，高くてせまい台上で回ることへの恐怖心や，マット運動での前転において両腕でしっかり支えて

回ることの習得の不十分さから，着手と同時に頭をつけてしまったり，踏み切りが不十分で腰が上がらず，まっすぐ回れなかったりすることがある．したがって，マットや1段程度の低い跳び箱で前転をしたり，高い台の上から低いところに手を着いて回ったりすることで，両腕でしっかり支えて回る感覚をつかむとよい．また，踏み切り板を使って，その場で腰を高くする形で，何度か踏み切るといった練習も有効である．

　次に，首はね跳びのポイントについて説明する．この技を行うためには，ゆっくりと両腕でしっかり支持して回る台上前転ができることが必要になってくる．さらに，その際に，膝を伸ばすことができていることも大切である．そのような台上前転ができるようになってから，はねることを教えていくべきである．ただ，はねることを教えていく際，はねるタイミングについてのみ取り上げることが多く見られる．もちろん，タイミングも重要であるが，はね方についてもしっかりと取り上げていくことが大切である．そのために，「アンテナ」という動きで，素早く腰角を広げることによる，はね動作を学ばせることが有効であると考える．最初は，難しいので，友達同士で補助をするなどして素早く腰角を広げることを学んでいくと良い．これができるようになってきたら，アンテナから直接ブリッジを行い，手の押しについても学ばせていくと良い．さらに，ステージなどを使って，はね方とはねるタイミングについても段階的に学習させていくことが求められる．

<アンテナ>

　また，跳び箱運動において，助走も重要な部分である．一概には言えない

が，授業での助走は長すぎることが多い．また，全員が同じ距離で助走をするのではなく，自分が安心して挑戦できる助走距離や助走の仕方を見つけることも大切な内容である．

3. 具体的な指導例

本書では，特に子ども同士の関わり合いの重要性に鑑み，高学年のマット運動の単元計画，開脚前転学習部分の1時間の指導案を示す．

（1） 高学年「マット運動」（全8時間）

時	学習活動	指導の内容と手立て
1	オリエンテーション ・学習の進め方を知る ・学習の約束 ・先輩の演技ビデオ視聴 ・既習の学習内容の確認	○学習の進め方を伝えたり，去年の先輩の演技を見せたりすることで，学習の見通しを持たせる． ○既習内容の習得状況を確認することで，形成的評価に活かす．
2〜4	共通課題の練習 ・開脚前転，伸膝後転，側方倒立回転の3つについて，それぞれ1時間かけてグループで練習する． ・それぞれの技のポイントについて知る． ・お互いに教えあったり，補助したりする．	○技のポイントについて，それぞれ示範を見せながら確認する． ○教えあいの仕方や補助の仕方について指導する． ○グループで，それぞれの役割を果たしながら高め合うように働きかける．
5〜6	自己の取り組みたい技の練習 ・既習技，共通課題の技ならびに発展技について練習する． ・挑戦する技にふさわしい場で練習する． ・同じ技を選択した人と教えあったり，補助しあったりする．	○子どもたちが練習したい技を事前に把握し，ポイントの整理を行っておく． ○教え合いや補助の仕方について，今までの学習をもとに工夫するように指導する．
7	連続技の練習 ・連続技の練習を行う．	○連続技の構成のポイントや評価の仕方について伝える．

3. 具体的な指導例　　117

		<例>バランスやジャンプを上手く入れていくことで変化のある演技構成にできる. ○上手く演技を構成できている子どもの演技を取り上げて,参考にできるようにする.
8	発表会 ・連続技の発表会を行う. ・学習の振り返りを行う.	○観察している子どもには,演技について評価のポイントに基づいて評価させる.

（2）開脚前転学習部分の1時間の指導案

分	学習活動	指導の内容と手立て
5	1．本時の目標，授業の流れの確認 2．準備運動	
5	3．開脚前転のポイントの確認	
10	①脚を開くタイミング	○示範をしながら,ポイントの説明をする. ○起き上がりの勢いを出すために,脚を開くのをぎりぎりまで待つように伝える.マットからの角度でいうと45°〜30°位で脚を開くように意識させる.観察者等に拍手などの合図をさせることで開くタイミングを知らせるようにさせる. ○手を着くタイミングは,かかとが地面に着くのと同時にする.また,なるべく股に近いところに手を着くことで起き上がりやすくする.

118　第2章　器械・器具を使っての運動遊び／器械運動

	② 手のつくタイミング，場所 	○ 起き上がる際に，頭が前に出ることで重心が前に来るようにするため，目線を斜め前に向けさせる．
	③ 目線 	○ 下図の「教えあいの方法」にあるように教えあい方について指導する．
20	4．グループで教えあいながら練習をする．	
5	5．振り返り	

<教え合いの方法>

実施者と目線が合うかどうかについて，実際にできていたかをフィードバックする．

タイミングや位置といった手の着き方について，実際にできていたかをフィードバックする．

脚を開くタイミングを拍手で教えるとともに，実際にできていたかをフィードバックする．

観察者②　観察者①

観察者③

マット

実施者

4. 指導上の留意事項

(1) 「動作の焦点」と「意識の焦点」

　器械運動領域において，技のポイントやコツといったものを伝えていくことは，非常に大切なことである．しかし，それらを子どもたちに伝えていく際，どうしても「動作の焦点」に意識が向きがちである．ここで言う「動作の焦点」とは，身体の形態的なポイントのことである．例えば，マット運動の回転系の際に重要となる順次接地のために「背中を丸くしなさい」といったものである．これらは，確かに技を習得したり，できばえを向上させたりする際のポイントやコツであるし，形態的にも判断しやすいものである．ただし，苦手な子どもたちに，これらの指導を行って，すぐに修正できれば，教師は苦労しない．そのために，背中を丸くするためには，どこに意識を向ければよいのかという「意識の焦点」が重要になってくるのである．具体的には，「おへそを見る」といった指導になってくる．しかし，この「おへそを見る」という指導でも，背中を丸くすることができない子どもも多くいる．そこで，「おへそを真上から見る」といった，より求める動作を引き出しやすい「動作の焦点」を与えることが必要になってくる．そのためにも，教師は常に子どもの目線に立った指導を行っていく必要がある．

(2) 教え合いや補助をどのように仕組むか

　他の領域でも同じことが言えるが，器械運動系の指導では，教え合いや補助といった子ども同士の関わり合いが特に重要になってくる．運動を行う際に，その運動についての自分自身の感覚と実際の運動には，ズレが生じることが多い．そのため，子どもたちで観察した情報を交流し，そのズレを解消したり，運動感覚の共有を行ったりすることが大切になってくる．また，補助に関しては，補助される子どもは，自分一人ではその技を行うことができなくても，補助を受けることによって，その技を成功した時の感覚を感じることができる．そして，そこで得た感覚が，その技の成功に近づくために役立つことになるのである．

ただし，子どもたちに技や補助のポイントを伝えただけで，子ども同士が教え合うというのは難しいことである．具体的な指導例の部分でも示したように，技や補助のポイントといった内容に関する知識だけでなく，教え合いの仕方や補助の仕方といった方法に関する知識を教えていく必要がある．また，補助においては，補助の練習を行うことも重要である．その際には上手な子どもの補助を行い，補助に慣れさせていくと良い．

＜側方倒立回転の補助の仕方＞

（3） 安全への配慮

器械運動系の領域を嫌う理由の一つに「こわい」が挙がることからも，事故を起こさないよう，安全面では次の点について細心の配慮が必要である．

① 入念な準備運動
② 器械器具の配置と点検
③ 補助具や補助の有効な活用

これらは，指導に際して教師がおさえなければならないことであるが，その一方で，子どもたちにもその大切さを認識させておく必要がある．例えば，試技者への合図や待機する場所，実施後に通る道筋，あるいは補助の役割や補助の仕方などは十分に理解させておくべきである．

（4） 集団で学ぶことの意義

最後に，集団で学ぶことの意義について確認しておく．器械運動領域の場

合，個人での技能習得が課題となってくる．そのため，授業によっては，自分の力に適した課題を設定し，その達成のために練習するということから，極端な場合，一人だけで黙々と練習している子どもを見かけることがある．しかし，これは，授業ということになるのだろうか．確かに，こういった場面も必要なこともあるが，授業では，共通の課題に向かってみんなで高め合うということが必要になってくるのではないだろうか．前述したように，子どもたち同士の教え合いや補助は，大変重要なものである．その際，課題が全く別のものであると，そういったことは行えなくなってしまう．また，動きの感覚的理解を促すためにも，子どもたちの動きの感覚の共有は重要である．例えば，いくら教師が自分の動きの感覚を言語化して伝えても，子どもたちに上手く理解してもらえないことがある．しかし，子どもたち同士が言語化した動きの感覚だとすぐに理解してもらえるといったことが，授業ではよく起こってくる．これらのことを踏まえ，一人ひとりの能力を大切にしながらも，集団で学ぶことを大切にしてもらいたい．

引用・参考文献

1．徳永隆治・木原成一郎・林俊雄共編著（2010）新版　初等体育科教育の研究．学術図書出版．
2．吉田茂・三木四郎編（1996）教師のための運動学．大修館書店．

第3章 走・跳の運動（遊び）／陸上運動

1. 走・跳の運動遊び／陸上運動の特性とねらい

2017年告示の学習指導要領の中で陸上運動系は次のように述べられている．

> 陸上運動系は，「走る」，「跳ぶ」などの運動で構成され，自己の能力に適した課題や記録に挑戦したり，競走（争）したりする楽しさや喜びを味わうことのできる運動である．

この陸上運動は，誰にでもできる運動であるといえる．なぜなら，ほとんどの人がその速さを問わなければ「走る」ことができるし，高さや距離を問わなければ「跳ぶ」ことができる．これは，陸上運動のよさでもあるが，同時に課題でもある．例えば，50m走をすると，何も学習をしなくてもほとんどの子どもが50mを走り切ることができる．みんなができる運動であるということは，運動そのものは，子どもたちにとって心理的な不安は小さいといえる．しかし，そこにはタイムが速い，遅いという結果がついてくる．そのため，足の遅い子どもたちは，「僕は遅いから走りたくない．」という認識を持ってしまう可能性がある．しかし，このタイムが速い，遅いという結果は，小学生の段階においては，身体的な成長によって大きく左右される．同学年でも，4月生まれの子どもと3月生まれの子どもでは，約1年の成長の差がある．特に入学して間もない1年生ではその成長の差が如実に現れる．この学習をしなくてもできてしまうという陸上運動の特性と，身体的な成長の差が大きく結果に影響するという2つの点を陸上運動の特性と理解しておく必要がある．

これらのことについて徳永（2007）は，陸上運動は人の成長に伴った自然の動きで，本能的な身体活動であり，子どもたちにとっては欲求行動であると指摘した上で，陸上運動を子どもたちの欲求にまかせた活動では，陸上運動のおもしろさを味わったり，陸上運動について学ぶことにはならないとしている．さらに，「場合によっては，速いものが遅いものを馬鹿にするなど，走ることを通して能力差別的な意識を助長することにもなりかねない．」と指摘している．つまり，陸上運動は，子どもたちにとって欲求行動であるが，そこに指導者が何らかの意図を組み込んだ活動を行わなければ，学習にはなり得ないということである．そして，陸上運動が持つ，より速く，より高く，より遠くという価値観を相対的に序列化するのではなく，子どもたちが真に学んだことを正しく価値づけていくことが必要となる．

2. 走・跳の運動（遊び）／陸上運動の内容と指導のポイント

2017年の学習指導要領において，陸上運動系は基本的には2008年の学習指導要領が踏襲されている．低学年を「走・跳の運動遊び」，中学年を「走・跳の運動」そして，高学年を「陸上運動」として構成されている．その内容は表2.3.1のように構成されている．

2017年の学習指導要領で新しくなった大きな点は，知識が明示され，「知識・技能」と位置づけられた点にある．そこでは，低・中学年においては，

表2.3.1　陸上運動系の内容

1・2年 【走・跳の運動遊び】	3・4年 【走・跳の運動】	5・6年 【陸上運動】
走の運動遊び	走の運動 　ア　かけっこ・リレー 　イ　小型ハードル走	ア　短距離走・リレー イ　ハードル走
跳の運動遊び	跳の運動 　ウ　幅跳び 　エ　高跳び	ウ　走り幅跳び エ　走り高跳び

「その行い方を知る」と明記され，高学年においては「その行い方を理解する」と明記された．この点について日野（2017）は，「知識の理解をもとに運動の技能を身に付けたり，運動の技能を身に付けることで知識の理解を深めるなど，知識と技能を関連させた指導が求められる．」としている．つまり「わかること」と「できること」をどちらも大切にした指導を陸上運動の領域でも行う必要がある．しかし，先にも述べたように，陸上運動は運動の質を問わなければほとんどの人が「できる」運動である．そのため，この領域では，運動の質に焦点を当てて指導することがポイントとなってくる．

　また，2017年の学習指導要領から，陸上運動系において，遠投能力の向上を意図して「投の運動（遊び）」を加えて扱うことができることになった．これは，「遠くに力一杯投げることに指導の主眼を置き，投の粗形態の獲得とそれを用いた遠投能力の向上を図ることが主な指導内容となる．」としている．昨今の子どもたちの投能力の低さからも，今回の改訂から新しく加えて指導することができるようになった「投の運動（遊び）」も合わせて考えて行く必要がある．

（1）低　学　年

　低学年の「走・跳の運動遊び」において，様々なコースを走ったり，リズムよく跳んだりする楽しさをたくさん味わうことはとても重要である．しかし，先の徳永（2007）の指摘のように，走ったり跳んだりして，ただ楽しんでいるだけでは体育科の学習にはならない．楽しむ中で，中学年，高学年へとつながる動きづくりを見据えた学習活動を教師が意図的に設定していくことが大切になる．

　例えば，陸上運動の中のハードル走や走り幅跳び，走り高跳びにつながる動きとして，岩田（2012）は「走＋跳の組み合わせ」を挙げている．この組み合わせは，2通り考えられる．1つ目は走りながら跳ぶことであり，2つ目は跳んだ後にすぐに走ることである．低学年の「走・跳の運動遊び」においても，この2つの組み合わせを意識して授業をしていく必要がある．ここでは，この2つの組み合わせを学習させるための学習活動として，「リズム走遊び」

2. 走・跳の運動（遊び）／陸上運動の内容と指導のポイント

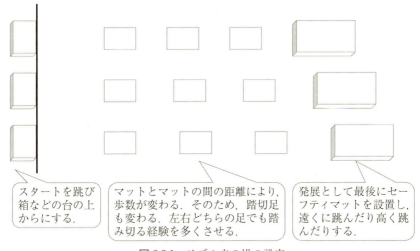

図2.3.1 リズム走の場の設定

を紹介する．

場の設定は，図2.3.1のように設定する．

障害となるマットは，低学年という発達段階を考慮し，恐怖心を抱かないような平面で子どもたちが踏んでも滑らないある程度の重さのある物を用意する．この場の設定では，跳んでからすぐに走るという動きづくりのため，スタートを跳び箱などの台の上からスタートさせる．そうすることで，擬似的にスタートの1歩目が跳躍の後の着地であり，疾走の1歩目としての役割を担うことができる．そして，走りながら跳ぶという動きづくりのために，マットを跳び越えながらリズム良く走るという活動を行わせる．ここで，教師から何も活動の指示をしなくても，子どもたちはマットを跳び越えながら走ることを楽しむであろう．しかし，それだけでは学習にならない．そのため，跳び越え方をいろいろと子どもたちに示し，実際にできるかどうか挑戦させていく．例えば，いつも同じ足で踏み切るのではなく，左右のどちらでも踏み切って跳び越えることができるようにさせるため，複数のインターバルを設置し，踏み切り足が同じ場合と踏み切り足が変わる場合を経験させる．低学年のうちは，どちらの足で踏み切っても跳びやすいと感じる児童が多い．どちらかの足に決めさ

せるというよりは，どちらの足でも踏み切れるような動きづくりをしたい．

また，ハードル走や走り幅跳びの着地の動きに迫れるような踏み切り足の引きつけを経験させるため，2歩で踏み切れるような狭いインターバルの設定を必ず設定し，より速く走り越えるためにどうすればよいかを子どもたちと見つけて行く学習活動を設定する．その中で，疾走の足音に着目させることで，踏み切り足を空中で前に移動させ，「トトン」というリズムで走る動きを意識づけしていきたい．

さらに，右足で踏み切って左足で着地するといういわゆる「リーピング」と言われる跳び方だけではなく，「同じ足で踏み切って着地してみよう」という活動を仕組むことで，いわゆる「ホッピング」という動作も引き出したい．そして，単元の最後には，ゴール位置にセーフティーマットを設置し，跳んで着地するという活動を設定する．この活動では，跳び出す方向を高さに設定すれば，高跳びの動きづくりにもつながるし，距離に設定すれば幅跳びの動きづくりにもつなげることが可能となる．

このように，子どもたちが楽しんで活動する中に，中学年の「走・跳の運動」や高学年の「陸上運動」へのつながりを意識した動きづくりを教師が意図的に設定していくことが重要となる．

(2) 中 学 年

中学年の「走・跳の運動」では，かけっこ・リレー，小型ハードル走，幅跳び，高跳びの4つが内容として示されている．基本的には，学習指導要領解説にも「低学年の走・跳の運動遊びの学習を踏まえ，中学年では，走・跳の運動の楽しさや喜びに触れ，その行い方を知るとともに，かけっこ・リレー，小型ハードル走，幅跳び，高跳びなどの基本的な動きや技能を身に付けるようにし，高学年の陸上運動の学習につなげていくことが求められる．」と示されている．

ここでは，低学年の「走・跳の運動遊び」ではあまり扱われていない中学年の「走・跳の運動」において新しく求められるリレーについて詳しく紹介する．

　低学年のリレー遊びでは，「手でのタッチやバトンの受渡しをする折り返しリレー遊び」とあり，リレーのバトンパスのおもしろさというよりは，みんなでつないで楽しむおもしろさの方が大きい．それは，低学年では個人個人の運動である走・跳の運動を集団化するための方法として取り扱われているからである．それが中学年になると，バトンパスの技術そのものが学習内容として存在してくる．2017年の学習指導要領解説体育編には，バトンパスの学習内容として「走りながら，タイミングよくバトンの受渡しをすること．」と書かれている．そのため，ここで求められているバトンの受渡しとは，「タイミングよく」受渡すことと「走りながら」受渡すことの2点を読み取ることができる．

　この2点に加えて，それらを学習できるようになるための前提となる重要な運動感覚を提示したい．それは，2人が並んで走るという感覚である．リレーの学習の初期段階において子どもたちのバトンパスを見ていると，バトンをもって走ってきた子どもが，バトンをもらう子どもがいる場所にさしかかった時に，急にスピードを緩めることがある．これは，子どもたちがぶつかりそうという感覚をもっていることから起こる現象だと考えられる．そのため，バトンパスの学習をする前には，同じレーンを2人で並んで走る，あるいは追い越すという運動を取り入れることを提案する．子どもたちに親しみのあるおにごっこの要素を取り入れ，楽しむ中で並走する感覚を養うことで，学習内容であるバトンパスの技術に迫っていくことができると考えられるのである．例えば，図2.3.2のように，スタートラインで手を合わせ，手を離した瞬間がスタートの合図となるように，10mのおにごっこを行う．ここでは，ゲームの要素を取り入れるため，逃げる側がスタートを決める場合と追いかける側がスタートを決める場合がある．

　また，図2.3.3のようにバトンパスの学習内容の一つである「タイミング」についても慣れることができるようなおにごっこを行う．追いかける人がギリ

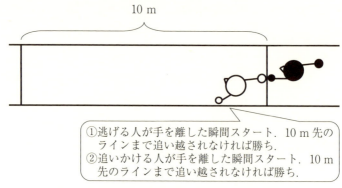

図 2.3.2　並走する感覚づくりのためのおにごっこ

①逃げる人が手を離した瞬間スタート．10 m 先のラインまで追い越されなければ勝ち．
②追いかける人が手を離した瞬間スタート．10 m 先のラインまで追い越されなければ勝ち．

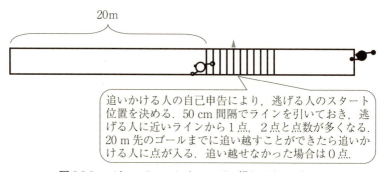

図 2.3.3　バトンパスのタイミングに慣れるおにごっこ

追いかける人の自己申告により，逃げる人のスタート位置を決める．50 cm 間隔でラインを引いておき，逃げる人に近いラインから1点，2点と点数が多くなる．20 m 先のゴールまでに追い越すことができたら追いかける人に点が入る．追い越せなかった場合は0点．

ギリ追いつけるだろうと思う距離をスタート位置に設定し，追いかける人がそのラインまで来たら逃げる人がスタートをして 20 m 逃げる．この走り始めるタイミングがぴったり合っているかどうかを別の児童がスタート位置の真横から見て判定する．このおにごっこは並走感覚とともにバトンパスのためのタイミング良い走り出しの学習にもつながる．

　実際のバトンパスの技術は中学年では，「走りながら」受け渡すことが学習内容とされている．ここでは，一般的に行われている，前走者が自分の後ろにおり，バトンが見えない状態で受け取るのではなく，前走者が追い越して並走

し，バトンが見えている状態で受け取るという追い越しバトンパスから始めていきたい．

このように，中学年においては「走・跳の運動」を通して，高学年における陸上運動を見据えた感覚づくりや知識・技能の習得を目指して指導を行っていく必要がある．

(3) 高 学 年

高学年の陸上運動は，「短距離走・リレー」，「ハードル走」，「走り幅跳び」及び「走り高跳び」で構成されている．高学年においては，陸上運動において，記録に挑戦したり，相手と競走（争）したりする楽しさや喜びを味わう中で基本的な技能を身につけ，中学校における「陸上競技」へとつなげていくことが求められている．そのため，高学年において学習するのは「陸上競技」ではなく「陸上運動」となる．いわゆるオリンピックなどで行われている競走ではなく，学習したことがどれだけできるようになったかを競い合えるような競走でなくてはならない．

先にも述べたが，陸上運動は個々の身体能力の差がはっきりと現れてしまう運動領域である．そのため，子どもたちにも教師自身も，学習したことができるようになったということを目に見える形にしていくことが授業づくりのポイントとなる．例えば，ハードル走で言えば，フラット走とハードル走のタイム差がどれだけ小さいかということや，1人50mずつ走るリレーでは，バトンパスによって2人の50m走のタイムの合計より何秒縮めることができたかという個々に応じた評価をする必要がある．また，走り幅跳びや走り高跳びにおいては，個々の身体能力（身長や50m走のタイムなど）から，目標記録を算出し，その目標記録にどのくらい迫れるのかという指導の工夫が考えられる．このように，記録をそのまま比較するのではなく，学習した成果としてどのような記録を比較することができるのかを学ぶことも陸上運動領域の学習のポイントとなる．

3. 具体的な指導例

それでは，実際の授業について，ここでは，陸上運動における「走＋跳」の動きづくりを行う重要性に鑑み，低学年の走・跳の運動遊びと高学年のハードル走の単元を紹介する．

（1） 低学年「走・跳の運動遊び」（全12時間）

時	学習活動	指導の内容と手立て
1	オリエンテーション ・場の設定の方法 ・リズム走の約束	・リズム走を楽しむために，自分たちで場の設定を変更することができるように，体育館に印を付けておくなどの手立てを行う．
2〜5	1．スキップ遊び ・いろいろなパターンのスキップを行う ・動きになれてきたら，ペアの友達と動きをそろえる．	○上半身と下半身の連動や足のリズミカルな動きづくりのため，いろいろなパターンのスキップを行う． ・両手を前にまわしながら ・両手を後ろにまわしながら ・手をクロールのようにまわしながら ・手を背泳ぎのようにまわしながら　等
	2．リズム走遊び ・チームで1つのレーンを使って，リズム走遊びを行う．	○「跳＋走」の感覚づくりのため，スタートは跳び箱の上などの段差のある場から行う． ○個人個人でインターバルの歩数が異なることを理解させるため，右足に赤いテープ，左足に青いテープを巻き，どちらの足で踏み切ったかを相互に観察させる． ○リズム良く走るということを，足の色が全部同じになるか，1回ずつ違う足に変わるということを理解させる．
	3．リズム走リレー遊びをする	○競走の楽しさを味わえるように，グループ別にリレーを行う．
6〜8	1．スキップ遊び（2〜5時間目と同様）	

	2．リズム走遊び ・チームで１つのレーンを使って，リズム走遊びを行う．	○ここでは，跳の運動遊びの動きづくりを行うため，リズム走遊びのなかで踏み切った足で着地をするとどうなるかという活動を取り入れる．
	3．リズム走からのジャンプ・最後のマットをセーフティーマットにして，体を投げ出すジャンプを行う．	○ジャンプした後の両足着地の感覚づくりや体を投げ出した際の空中動作の感覚を養うため，セーフティーマットに長座の姿勢で着地を目指させる． ○長座の姿勢になるためには，空中動作として踏み切り足の引きつけが必要となる． ○運動を見る視点として，セーフティーマットが動かないように支える係の児童に両足の裏が見えたかどうかを判定させる．

（2） 高学年「ハードル走」（全８時間）

時	学習活動	指導の内容と手立て
1	オリエンテーション ・40ｍフラット走のタイム測定 ・ハードル走の学習の約束 　（グループ学習） 　（タイム差による得点制の理解）	○学習の基準となるフラット走の記録を計測するとともに，子どもたち自身がタイムを計測できるように，ストップウォッチの使い方を確認する．
2	インターバルの決定 　1．試しのハードル走 　2．試しの記録会	○4種類のインターバルのレーンを用意しておき，無理なく3歩でいけるインターバルを選択する． ○学習初期の記録と学習後の記録を比較するため，選択したインターバルで試しの記録を計測する．
3〜4	1台目のハードルクリアランス 　1．1台目のハードルクリアラン	○踏み切り足が，右か左か分かるように，

	スを学習する． ・踏み切り足の確認 　　↓ ・1台目までの歩数調査 　　↓ ・スタートの構えの決定 2．1台目のハードルクリアランスの練習を行う	自分の踏み切り足に印を付けておく． ○1台目までのハードルの距離はどのインターバルにおいても等しいため，共通の学習としてスタートから1台目まで何歩で走っているかを確認する． ○歩数が決定すれば，自分の踏み切り足で踏み切るためのスタートの構えが決まる． ○お互いに運動観察をすることで，いつも同じ動作で踏み切ることができているかを教え合う．
5 〜 7	インターバルの疾走の学習 1．インターバルの走り方調査 ・インターバルの3歩をどのように走っているのかを調査する． 2．得点が高い児童の歩幅の特徴を知る． 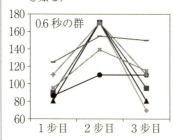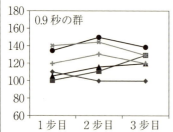 3．得点が高い児童の着地の姿勢について知る．	○インターバルの3歩の歩幅がどのように変化しているのかを自分たちの足跡を調べる． ○同時に最後の踏み切り位置が，ハードルからどのくらいの距離にあるのかも調べる． ○歩幅の特徴をつかむことができるように，歩幅のデータを折れ線グラフで示す． ○データが示すような走り方の児童がどのような着地姿勢をしているのかを写真で

4. 指導上の留意点　　133

	 4．1歩ハードルで，踏み切り足の動作を練習する． 5．タイム計測	比べ，特徴をつかむ． ○ 踏み切り足を空中で前にもって行く感覚を身に付けるために，1歩ハードルを行う． ○ タイム計測は，グループごとに行う．
8	記録会をする ・チーム対抗戦や個人競走，同じインターバル同士の競走など，様々な競走を経験する．	○ インターバルを素早い3歩のリズムで走れているか，踏み切り足は正しくできているかなどを確認する． ○ 同じグループの児童は，ハードルの横で動きを確認する．

4. 指導上の留意点

（1） 個の身体能力の差に対応する

　陸上運動系では，個人個人の身体能力の差が大きく関係してくる．そのため，学ばせたい内容が焦点化されるように個の身体能力の差に対応する必要がある．例えば，ハードル走においては，小学校の陸上の全国大会では，ハードル走のインターバルは7mで固定されている．しかし，2017年の学習指導要領解説には，インターバルを3歩か5歩のリズムで走ると明記されている．できれば，3歩のリズムで全員の児童にハードル走ができるようにさせたい．そのため，個々の身体能力に応じてインターバルの距離を設定する必要がある．その際，インターバル別のグループ編成にするのではなく，いろいろなインターバルを選択した児童が混在したグループ編成にする．そして，インターバル別に色分け（黄：5m，青：5.5m，緑：6m，赤：6.5mなど）したビブスを着用し，走る人に応じて自分たちで場の設定を工夫できるようにする．このように自分たちで場を変更しながら学習することで，ハードル走が，場が

ちょっと変化しただけで走れなくなる可能性があるという知識を得ることにもつながる．

（2） 運動の視覚化

　運動は一瞬で終わってしまう．一瞬で終わってしまう動きは確かに見ているのだが，学習のために必要な情報は見えていないことがある．また，教師には見えているが子どもたちには見えていないということもある．そのため，体育科の授業においては，個々の運動に着目して見ることができるように運動の視覚化をする必要がある．例えば，走り幅跳びにおける踏み切り足は，本人にしかわからない．そのため走り幅跳びで跳んでいる場面を見ただけでは，その人が自分の踏み切り足で踏み切っているかどうかはわからない．そこで，踏み切り足にテープを巻くなどして，誰が見てもわかるようにするという工夫が考えられる．そうすることにより，同じグループの友達が見ていても，踏み切り足で跳んだかどうかをお互いに指摘し合うことができる．踏み切り足が異なる場合には，助走距離やスタートの足を変えるなどの方法を試すことができる．このように，運動そのものを誰が見ても分かるようにしておくことは，誰にでもできる運動である陸上運動では重要なポイントの一つとなる．

（3） 運動の質を追求する

　はじめに特性において述べたが，誰にでもできる内容だからこそ，運動の質を追究していく学習を行う必要がある．何がどのようにできるようになったのかを追究していくことが求められるのである．短距離走の学習では，ただ何秒で走ったかではなく，どのように走ったのかを子どもたちが自覚し，課題を抽出していかなくてはいけない．そのために，出原（1986）の短距離走の実践で紹介されているような，足跡のつま先に目印を置いていく「田植えライン」や10ｍごとのラップタイムを折れ線グラフに表す「スピード曲線」などの教材を用いることで，走った過程を明らかにできるような学習活動を仕組むことが必要となる．

（4） 競走の仕方を考える

先に述べたように，陸上運動は陸上競技ではない．体育の中で児童はより速く，より高く，より遠くを目指して学習していく．しかし，体育の学習は，その結果を相対化して誰が一番速く走ったのか，誰が一番高く跳んだのか，誰が一番遠くまで跳んだかということを明らかにするためのものではない．そのため，陸上競技ではない勝敗の決め方を工夫することが求められる．例えば，ハードル走を例に挙げれば，50m走の記録が速い児童の方が，ハードル走の記録も速い傾向がある．表2.3.2のような結果が学習のまとめで得られたとする．記録だけを評価するのであれば，ハードル走が速いAくんが素晴らしいということになる．しかし，もともとの走力を考慮して，ハードル走のタイムから50m走のタイムを引いた記録で比較すると，Bさんの方がそれらのタイム差は小さい．すなわち，Bさんの方がハードル走において，フラット走の記録とあまりかわらない速さで走ることができていると評価できる．このように，身体能力の違いを考慮した学習の成果をどのように教材に組み込んでいくのかが陸上運動の指導におけるポイントの一つとして上げられる．

表2.3.2　フラット走とハードル走の記録

	50m走	50mハードル
Aくん	8.3秒	9.5秒
Bさん	9.5秒	10.5秒

引用・参考文献

1．徳永隆治（2007）陸上運動のおもしろさを求めて．体育科教育，55（6）：10-13．
2．日野克博（2017）体育で育成を目指す資質・能力とは．体育科教育，65（4）：30-33．
3．岩田靖（2012）体育の教材を創る．大修館書店．
4．中西紘士（2014）ハードル走のゴールイメージ．体育科教育，62（6）：29-33．
5．出原泰明（1986）体育の学習集団論．明治図書出版．

第4章 水遊び／水泳運動

1. 水遊び／水泳運動の特性とねらい

　水泳は，生涯にわたって親しむスポーツとして，とても適した運動だと言える．なぜなら，水の中は水の浮力を利用して重力から解放される環境であるため，膝や腰などへの負担が軽減されるからである．また，足で体を支える陸上での運動と違って，全身でバランスを取らなければならないのでバランス感覚を養うとともに，全身での有酸素運動であり心肺機能を高めることも期待できる．これらの点において，水泳は末永く楽しめる可能性をもった運動の一つであると言ってよいであろう．

　そんな水泳なのに，大学生に水泳授業の思い出を語ってもらうと，次のような話になる．何度もタイムを計った，友だちと競い合って泳いだ，息つぎができず苦しかった，鼻に水が入って嫌だった，水を飲んでむせかえった，最後の自由時間が楽しかった，などなど．自由時間には水に体を投げ出したり，水中で前や後ろにグルグル回転したりして楽しんでいる姿を目にするのに．陸上では難しい姿勢や動きも，水の中だからこそ味わえるはずなのであるが．

　さて，ここで運動環境の違いから水泳の特徴を考えてみよう．

　第1に挙げたいのは，水の中という特殊な運動環境であるため，慣れ親しんだ陸上での運動では意識することのない呼吸を，意識的にコントロールする必要があるということである．水泳で誰もがもっとも恐怖を感じるのは，息ができないことであろう．だからこそ，普段は無意識に行っている呼吸なのに，水泳においてはわざわざ呼吸を確保するための技術が必要になる．安心して呼吸ができる環境が整えられることなく，新たな運動を獲得したり，修正したりする学習は成立しない．

　次に，体を支える明確な部位が存在しないということである．走ったり跳ん

だりする時には脚で，器械運動などでは腕で体を支える．水中では，水の浮力を受けて，地面に接することなく浮くことができる．そのおかげで，陸上では経験することのできない動きを楽しむことが可能になる．しかし，浮きは，特定の部位ではなく全身を使って姿勢を調整するものであり，そのため全身を用いた身体制御の技術が必要になる．この際に重要なのは，視覚情報を確保することである．陸上ではあり得ない姿勢を維持するためには，水から得られる身体感覚に意識が向けられるよう働きかけるとともに，水中でも自分の目で周りの様子をとらえられるように注意すべきであろう．

では，これらを踏まえ，2017年の学習指導要領を見てみよう．ここで指摘しておきたいのは，あくまでも水泳運動で求められているのは，「続けて長く泳ぐこと」だということである．小学校では，25mを泳げることが一つの目標として設定されることがあるが，この距離なら呼吸をすることなく泳ぎ切ることも不可能ではない．しかし，呼吸をすることなく，100m，200mを泳ぐことは難しい．つまり，「呼吸」の技術こそがもっとも重要で，みんなに保障すべき最優先課題だといえる．そして，もう一つ重要なのが，「脱力」である．がむしゃらにバタ足をする全身緊張状態では，たとえ呼吸ができていたとしても長く泳ぎ続けることはできない．水泳のように同じ動作を繰り返す「循環運動」では，緊張と弛緩が一定のリズムで訪れる．このリズムにおいて弛緩場面を生み出せることが長く泳ぐ技術につながるのである．

そこで改めて確認しておこう．「泳げる」とは何なのか．それは，「呼吸」ができること，呼吸するために「浮く」こと，そして「進む」ことである．小学校時代の苦い思い出の根源は，「進む」技術にもっとも重点が置かれ，「呼吸」が蔑ろにされていたからではないだろうか．小学校教師は，「泳げる」とは何なのかの意識改革が必要なのだ．さて，みなさん，水泳指導にストップウォッチは必要だろうか．

2. 水遊び／水泳運動の内容と指導のポイント

2017年の学習指導要領では，学齢ごとの水遊び／水泳運動の内容は，次の

ように示された。それでは、学齢ごとの指導のポイントを整理していこう。

表 2.4.1　水遊び／水泳運動の内容構成

低学年	中学年	高学年	中学 1・2 年
水遊び	水泳運動	水泳運動	水泳
水中を移動する運動遊び もぐる・浮く運動遊び	浮いて進む運動 もぐる・浮く運動	クロール 平泳ぎ 安全確保につながる運動	クロール 平泳ぎ 背泳ぎ バタフライ

（1）低学年

　低学年の「水遊び」において水の刺激に慣れることは、就学前の経験に大きな違いがあると考えると、とても重要になる。しかし、水に入って遊んでいるだけでよいかというと決してそうではない。遊びながらも、水泳で必要とされる特別な技術も、教師は見据えておくこと必要がある。それは、長く泳ぐために必要な呼吸の技術であり、浮くための技術だといえよう。

　2017 年の学習指導要領では、2008 年の学習指導要領で「水に浮いたりもぐったり、水中で息を吐いたりすること」と示されていた箇所が、「息を止めたり吐いたりしながら、水にもぐったり浮いたりすること」（下線は筆者）に変わった。これは、浮く、もぐる、息を吐く、を別々に行うのではなく、それぞれの動きを関連させながら行うことが求められるようになったと読み取れ、高学年での「手や足の動きに合わせて」に通じるものだと考えられる。また、「水中で」息を吐くとなっておらず、息を止めること、「息こらえ」が加わっている。この点について、どのような呼吸法を用いることが適しているのか考えてみる。

　呼吸法の指導については、最初に、通常鼻で行っている呼吸を、水泳では口の呼吸に切り替えることを取り扱うことになる。まずは「息こらえ」や「口の操作」を含んだ水遊びを取り入れてみよう。水中で息を吐くことは「バブリング」とよばれる。競泳では呼吸のために顔を上げる動作はタイムのロスにつな

がることから、より効率を上げるため「水で吐いて、出たらすぐに吸う」技術が求められる。しかし、息ができないことを恐れている子どもに水中で息を吐かせることは、さらなる恐怖心を煽ってしまう。また、水を飲んでむせるのはなぜか。水を飲んだからむせるのではない。顔が水から出ているかどうかも把握できない状況で、焦って息をしようとした時に、思わぬタイミングで水が口に入り込むからむせるのである。「水中では鼻から息を吐いて、出てきたら口で吸う」という呼吸法も確かにあり、スイミングスクールではそのように指導されるのかもしれない。ただ、いつ吸ったらいいかもつかめていない子どもが、鼻と口での使い分けができようはずがない。呼吸につながる第一歩としての「口の操作」は、水中では口を閉じて息を止める、顔が水上に出てから口を開けて吐いてから吸う動きが、シンプルでわかりやすく、しかも誤飲を防ぐ方法であるといえる。

また、水中での止息は、浮き方にもよい影響を及ぼす。胸いっぱいに息をため込んで浮くのと、水中で息を吐いて浮くのとでは、水から受ける浮力が大きく異なる。小学校低学年の肺活量は2000 ml くらいだと言われているので、空気の入った大きなペットボトル1本を抱きかかえることができるわけだ。この浮力を得ることができれば、むしろ水中に沈むことのほうが難しい。心理的な配慮としても、息ができないことに恐怖を感じている子に息を吐かせるよりも、たっぷり息をため込んで沈めないことに気づかせる方が、よっぽど安心感を与えることにつながる。

最後に、もぐり方・浮き方といっても、バランスの取りにくさや感じる恐怖心の度合いによってレベルが変わる。例えば、体を立てて浮くのと体を前に投げ出して横になって浮くこと、または手足を広げて浮くのと手足を揃えて浮くのでは、難易度や恐怖心が異なることを考慮に入れて、教える順序を考える必要があろう。

140　第4章　水遊び／水泳運動

【浮きの例】

クラゲ浮き

ダルマ浮き

大の字浮き

（2）中　学　年

　2017年の学習指導要領の解説では，「初歩的な泳ぎ」として，いくつかの例を挙げて説明されている．本書では，この「初歩的な泳ぎ」に適した教材として，「ドル平」泳法を紹介したい．

　「ドル平」は「『どの子も泳げるようにしたい』という教師の切実な願いによって，子供が示す様ざまな事実に学びながら誕生した」（井上ら，1995）泳法であり，呼吸の確保を最優先に考えられた泳法なのである．手が平泳ぎのような動きで，足がドルフィンキックだから，「ドル平」と呼ばれる．

　この「ドル平」は，次のリズムで泳ぐ．

> トーン・トーン・スーパッ，ポチャン

　水中での姿勢は写真④のように両手を伸ばし顎を引くことで背中を丸めるようにする．あとで紹介する「おばけ浮き」の姿勢をとる．キックは，写真①→②のようにドルフィンキックで，ゆっくり「トーン，トーン」と，足の甲で水を押すように2回キックをする．

　「スー」は写真④の姿勢を維持し，写真⑤のように肩や背中が水面から出る頃に，腕での水の押さえ，首の引き上げ，かかとの引きつけを始める．頭部を背屈させることは，背部の反りと膝の曲げを引き出しやすくさせている．

　そうして，写真①の時の頭部は水面に顎がつく程度にしか水上に出ていない．この頭部が出たところで，強く息を吐き，その反射で息を吸い込む呼吸法を行う．その後，頭部が入水したら意図的に顎を引き，1回目のキックに入る

準備（写真②）をする．そしてまた写真③につなげ，キックに入る．

このように「ドル平」は，低学年での呼吸法と変身浮きの学習がつながっている．バタ足のようにバチャバチャと体に力を入れて「がむしゃらに」泳ぐのではなく，ゆったりとしたリズムでのんびり「歩くように」泳ぐのが「ドル平」である．このゆのんびりによって，児童は「もう少し体が浮いたら，頭を上げ始めよう」とか，「キックをもっとゆっくりして水を押さえよう」といった水中での自分の体の状態をとらえながら，意図的な身体操作を試みることが可能になる．教師はそこに働きかけながら学習を進めるよう留意したい．

（3）高学年

高学年では，2008年の学習指導要領と同様に，クロールと平泳ぎが示されている．すでに述べているが，水泳において新たな運動課題に挑む場合には，陸上と違って呼吸が確保されていることが重要になる．その意味では，「ドル平」によって育まれた「呼吸法」と「水中での身体制御」の技術がベースとなって，クロールや平泳ぎに必要な運動課題に迫ることができる．「ド

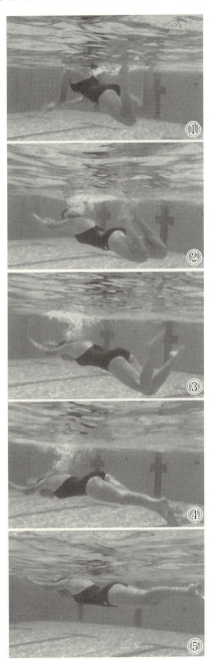

ル平」からのつながりを意識すると，その課題は，クロールでは左右非対称の動きでのローリングに伴う「横向きでの息継ぎ」の技術であり，平泳ぎでは，ドルフィンキックから「かえる足」の技術ということになるだろう．

　なかでも「かえる足」の獲得は，非常に難しい．足の引きつけの際には足首を曲げて，主に足裏で水をとらえ後方に押し出しながら足首を伸ばすという動きは，ドルフィンキックもバタ足もほ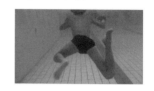
ぼ足首を伸ばしてキックを行うのに対して，平泳ぎだけで要求される動作になる．ここでよく見られるのが「あおり足」である．この「あおり足」は，見本を見せたり補助を行ったりしても，なかなか修正することができない．それは，本人に「見えない」からであり，児童に正しい動きでの力の入れ方や水の抵抗を感じさせるための工夫が必要となる（渡辺，1996）．

　また，2017 年の学習指導要領では，「安全確保につながる運動」として，「背浮きや浮き沈みをしながら続けて長く浮くこと」が示された．中学校で取り上げられている近代 4 泳法は，命を守るためだけに発展してきたわけではない．しかし近年，「着衣泳」などの必要性も指摘されている．また，「長く続けて泳ぐ」という点に関して言えば，日本泳法という顔を水に付けないで移動する泳ぎもあり，これらの教材開発もできそうである．

3．具体的な指導例

　本書では，特に水泳学習における初期段階の指導の重要性に鑑み，低学年と中学年での単元計画を示す．

3. 具体的な指導例

（1） 第1学年「変身浮き」（全10時間）

単元計画（全12時間）

時	学習活動	指導の内容と手立て
1	オリエンテーション ・プールの約束 ・プールの使い方	・水泳道具の準備や体調管理などについては，事前に保護者への協力を求めておく．
2〜10	1．息のしかた ・息こらえ ・息の吐き方と吸い方 「パッ」と強く吐いた反動で吸う． 【息こらえを取り入れた遊び】 ・水中ジャンケン ・石拾い 2．チームで整列し，手をつないで水の中を歩いて進んだり，一緒に浮いたりする． 【水中を移動する遊び】 ・みんなで合わせてお尻を床につける．  3．いろいろな浮きを行い，一回の息こらえで，いくつかの浮きを組み合わせる「変身浮き」にチャレンジする．	○息のしかたについては，まず，息をたくさん吸い込んで，口を閉じて顔をつける．そして，水から顔が出たら，息を勢いよく吐き出して吸うように指導する． ○息こらえを取り入れた遊びでは，水中で回りの状況を視覚的に確認しながら行えるものがよい． ○息のしかたについては，毎時間の最初の水慣れに位置づけ，継続して感覚づくりを行う． ○最初は，顎を水の上に乗せて歩くことから始め，口をつけて，鼻までつけて，おでこまでつけて，頭まで全部つけてなどと，段階を示しながら行う． ○手をつないでいることは，水に対する不安感を取り除くことができる． ○いろいろな浮き方を試すなかで，バディで浮き出た部位を触って知らせることで，浮き方の違いに気づかせることもできる．

144　第4章　水遊び／水泳運動

	【ウルトラマンからオバケへの変身】	○ 単技としての浮きを組み合わせた「変身浮き」にすることで，水中での身体操作の感覚をつかませる．
11〜12	1．まとめの発表会やゲーム 【例】 ・ムカデ競争 ・お花浮き	○ 予め発表会やゲームの内容を示しておき，第2次での学習においてグループごとに練習した成果を第3次で披露する時間とする． ○ ムカデ競争では，息のしかたの学習を生かして，コースロープなどの障害物を，手を離さないようにくぐって進むことをめざす． ○ お花浮きは，手の位置を変える変身浮きをすることで，つぼみから大きな花へ変身させることができる．

　ここでは，第2学年での指導計画を挙げたが，これが第1学年の場合であれば，第2次の「1．息のしかた」の学習を中心に進めることになろう．

3. 具体的な指導例

(2) 第3学年での「ドル平」(全12時間)

単元計画(全16時間)

時	学習活動	指導の内容と手立て
1	オリエンテーション ・「泳げる」とは,「ドル平」とは ・学び方の約束(バディで高まり合う)	○ビデオ映像を見せながら,ゆっくり泳ぐために,「歩くように」泳ぐ泳ぎ方がドル平であることに気づかせる.
2〜3	2年生までの復習とドル平へのつながり 1. 変身浮き 2. 呼吸法 ・水中では息を止めて,顔が出たら「パッ」と強く吐く. ・手で水を押さえながら首を起こすという動きに合わせて呼吸をする. ・陸上での練習,水の中での練習をする.	○いろいろな浮きを合体させる. ○息のしかたについては,まず,息をたくさん吸い込んで,口を閉じて顔をつける.そして,水から顔が出たら,息を勢いよく吐き出して吸うように指導する. ○呼吸法については,準備運動と一緒に陸上でもドル平のリズムに合わせて継続して練習を行う. ○バディでリズム「トーン・トーン・スーパッ」を言い合ったり,変身浮きで補助し合ったりする活動を取り入れ,バディで高まり合うように働きかける.
4〜7	ドル平にチャレンジ 1. 水の中を移動しながら「パッ」をする. ・歩きながら「パッ」 ↓ ・前のめりにケンケンしながら「パッ」 ↓ ・伏し浮きから「パッ」	○水の中での練習では,その場で立ったまま行うことから始めて,水の中を歩きながら呼吸を行う練習をする. ○移動の際には,バディで両手をそえて,力が入りすぎていないかを確かめる.また頭が水中に入っている方が浮きやすいので,頭が出ていたらバディが頭を軽くトントンと叩いて知らせるようにする. ○「パッ」の後に体が沈み込むが,浮きの姿勢で体が浮いてくるまでのんびり待てるようにする.

8〜13	キックを入れたドル平にチャレンジ 1．キックのしかた ・プールサイドに座って，足の甲で水を送るようにキックする．  2．キックを入れて，水中を移動しながら「パッ」をする．	○「キック」というと，バタ足のように勢いよく足を動かしてしまうので，足の甲で水を感じながら，向こう側へ水を送り出すように意識させる． ○「ドル平」のキックは，進むためというよりも，体を浮かせるためのキックであることを理解させる． ○バディが両手をそえて，リズムを言いながら進むようにする．
14〜16	夏休みにできるようになったことの発表 1．ドル平の復習  2．まとめの記録会	○呼吸を10回程度続けること，浮くためのキックをすること，浮くまでまつことなどを確認する． ○泳ぐ人のバディは，プールサイドもしくは泳ぐ人のそばでリズムを言う．

4. 指導上の留意点

(1) 安全への配慮

　体育の授業ではけがが起こりやすいのだが，水泳での事故は直接生命に関わるという点で，より万全の配慮が必要である．施設等のハード面の管理はもちろんであるが，子どもたち自身にその重要性を理解させなければならない．そのための「プールの約束」は，学校ごとに細かく決められているが，ここでは，1つだけ指導上必要だと思われる「笛」の約束について挙げておこう．

　水泳の授業では，水中に潜ったり水音が大きかったりと，教師の声だけで場をコントロールすることは難しい．そこで，笛を使った約束事が有効である．例えば，「ピピッ」と2回連続の笛は「注目」の合図，「ピッ・ピッ・ピー」と区切って3回目に長い笛の時は「緊急事態」の合図という方法がある．また，それらの合図を，バディ同士で伝え合えるように指導することも大切である．

(2) みんなで学び合う授業—能力別に分ける必要があるか—

　互いの命を守り合うという意味において，水泳でのバディシステムは欠かせないが，同時に学び合うという意味でもバディシステムを積極的に活用したい．一般的に，水泳の授業では，能力別指導が当り前だととらえられている傾向がある．泳げる子と泳げない子を分けてグループ編成し，それぞれに別々の課題を設定する方が効率的で安全であると考えてのことだろう．しかし，必ず足が届く水位で実施される小学校での水泳授業の場合，泳げないことは学習の妨げにはならない．むしろ，泳げる子と泳げない子が互いに学び合うところにこそ意味がある．

　また，バディは固定して学習を進めるべきである．常に一緒に学び合っている子ども同士だからこそ，健康状態のちょっとした変化にも気づくことができるし，技能の伸びを見取ることもできるのだ．このようなバディでの学習が成立したクラスでは，初めて25mを泳ぎ切ったAちゃん以上に，プールサイドで大喜びしている水泳のうまいBちゃんの姿が出現する．違うグループが何をしているのかを，全く知ることもなく水泳の授業が進められているクラスで

はこの感動が共有されない．まさに，学級担任として目指したいクラスの姿はどちらなのかを，みなさんに問いたい．

（3） 家庭との連携・協力

安全な水泳指導のためには，子どもたちの健康状態の把握が欠かせない．とりわけ，水泳授業当日の健康チェックや，日々の睡眠時間や食事などは，各家庭との十分な連携を取る必要がある．また，特に低学年で水に抵抗がある子どもについては，直接水で洗顔することやお風呂でシャワーをかけることなど，毎日少しずつでも継続していただけるよう協力を呼びかけたい．学級通信などを利用して授業で行ったことを伝えたり，連絡ノートで家での様子などを伝えてもらったりすることも大切である．

（4） ゴーグル着用の是非

冒頭でも述べたが，新たな運動の獲得や修正のためには，視覚情報は欠かせない．つまり，水泳においては，水中で視覚が確保されるかどうかは大問題なのである．ゴーグル着用を禁止する人たちは，「溺れた時にゴーグルをつけているわけがない．だから，ゴーグルなしで泳げるようにしなければならない．」と主張する．しかし，目への刺激に対して目をつむるのは生き物の自然な反射行為であるし，目を開けられるまで運動の学習が進められないということになる．試しに，目をつむって泳いでみるといい．どれだけ怖い行為かがわかるはずである．目を開けられないことが学習をとどめているのだとすれば，一旦ゴーグルを着けて，視覚情報が得られないことでの不安を拭い去ってもいいのではないか．晴れた日のキラキラ輝いているプールで，友だちと水中ジャンケンをしたり，バディの泳ぎを見合ったりと，一歩前に進めるのではないだろうか．もしどうしても溺れた時のことを考えるのであれば，その活動の後でゴーグルを外すとしても遅くはないだろう．

引用・参考文献

1．小林一久・信本昭彦・松田泰定・東川安雄編（1988）教師のための水泳指導ハ

ンドブック，大修館書店．
2．渡辺伸（1996）動きの創造性を考える．金子明友監修　教師のための運動学　運動指導の実践理論，大修館書店．
3．大後戸一樹（2005）「わかる・できる」力をつける体育科授業の創造．明治図書．
4．学校体育同志会（2012）新学校体育叢書　水泳の授業，創文企画．
5．井上佳昭・田中敬二・平田和孝・渡辺光雄編著（1995）いきいき水泳指導と学習カード．小学館．

第5章 ゲーム／ボール運動

1. ゲーム／ボール運動の特性とねらい

　2017年の学習指導要領では，ボール運動領域として，低・中学年を「ゲーム」，高学年を「ボール運動」で構成している．また，2008年の学習指導要領から，指導内容を体系化するために，中学年から高学年にかけて，これまでの種目名（バスケットボールやサッカーなど）ではなく，「ゴール型」，「ネット型」，「ベースボール型」の3類型に整理されている．この改訂をうけて，「型」に共通する動きや技能を系統的・体系的に獲得させるという観点から，教師が子どもたちの実態に応じて，素材となるゲームを改変した「易しいゲーム」や「簡易化されたゲーム」を，自由に創造することができるようになった．ゲーム教材を積極的に開発し，それぞれの型に応じて味わわせたいおもしろさや戦術・技術を発展的に学習していく授業を構想していきたい．

　ボール運動は，攻守にわかれて個人的・集団的競争をするところに特性がある．ボール運動では，友だちとの協力や競争が活気をうみやすく，子どもたちは意欲的に活動することができる．一方で，うまい子が中心になってしまい，ほとんどボールが回らない子や，ゲームの展開についていけずに，コートの中でウロウロしている子もいる．ゲームが盛り上がっている陰で，どう動いたらよいのかわからず，困ってしまう子もうまれやすいのである．しかし，ボール運動では，チームでの戦術的な動きを駆使して合理的な攻防を展開するため，個人プレイが多かったり，作戦に参加しない子がいたりすることは，チームの習熟課題となる．そのためボール運動においては，チーム内のコンビネーションプレイの重要性を理解させ，みんながうまくなることをめざしていきたい．特に作戦や戦術は，対戦相手と能力差を超えて競い合うための手段であり，苦手な子も作戦や戦術を理解していけば，得点に結びつく活躍をし，ゲームのお

もしろさを味わうことができる．そのため，「ボールを持たないときの動き」を含めた戦術的知識を重視し，ウロウロしてしまう苦手な子こそが活躍できる学習にしていきたい．

また，ボール運動は競争性が高くトラブルも生起しやすい．そこで，困ったことが生起した際は，トラブルの背後にある勝ちたい気持ちやうまくなりたい気持ちを受けとめ合った上で，みんなが楽しめるゲームになるように約束事やルールづくりをしていきたい．さらに，学校を卒業したのちに，ボール運動を民主的に実践していく力を育てるためにも，発達段階に応じて自分たちで学び合いうまくなる方法や，基礎的なスポーツ文化の知識も学習させていきたい．そこで，ボール運動領域では，以下の4点をねらいとしたい．

(1) みんなが基本的なボール操作方法（技術）やゲームでの動き方（作戦・戦術）を探求し，ともにわかって，うまくなること．
(2) みんなでみんなが競争を楽しめるようなルールを工夫したり，審判を立ててゲームを運営したりして，ともに楽しみ競い合うこと．
(3) みんなでゲーム記録を活用したり，課題解決のためのチーム練習をしたりして，自分たちでうまくなる方法がわかって，できること．
(4) 中・高学年では，実技（戦術・技術やルールの学習）と関連させながら，基礎的なスポーツの文化的特徴を理解できること．

2. ゲーム／ボール運動の内容と指導のポイント

2017年の学習指導要領では，表2.5.1のように内容が配列されており，各型

表2.5.1 2017年学習指導要領におけるゲーム／ボール運動の内容

学年	低学年	中学年	高学年
内容	易しいゲーム 　　ボールゲーム 　　鬼遊び	易しいゲーム 　　ゴール型ゲーム 　　ネット型ゲーム 　　ベースボール型ゲーム	簡易化されたゲーム 　　ゴール型 　　ネット型 　　ベースボール型

に応じた系統的な指導が可能になっている．
　以下では，各階梯における内容と指導のポイントについて解説していく．

(1) 低 学 年

　低学年の子どもは，知的好奇心が旺盛で，様々なことに関心をもつ．運動遊びの要素をいれたり，系統的な指導をしたりすることで，1単元で認識や技能を獲得できる幅も大きい．2017年の学習指導要領において，低学年では「ボールゲーム」と「鬼遊び」で内容が構成されている．ボールゲームでは，簡単なボール操作と簡単な攻めや守りの動きによって，攻守が入り交じる易しいゲームとされている．鬼遊びでは，一定の区域で逃げる，追いかける，陣地を取り合うなどの簡単な規則で鬼遊びをしたり，工夫した区域や用具で鬼遊びをしたりすることとされている．

　この時期は，ボール遊びは大好きであるが，自分がどれだけプレイできたのかに関心が大きく，ボールに触れていないと興味も半減し，砂いじり等をしだす子どももいる．そのため，一人ひとりがたっぷりとプレイできるゲームをさせ，「自分がボールをもったときに，どこにいって，どのように攻めればよいのか」，「敵がボールをもったときにどう守ればよいか」の基礎的な戦術・技術がわかって，動けるように指導していく．また，低学年であっても，作戦づくりに取り組み，ペア学習を中心に友だちと協力し合ったり，できたかどうかを○や◎で相互観察させたりするなど，簡単な方法で学び合いをさせていきたい．

(2) 中 学 年

　中学年になると，生活面や学習面でも積極性と行動力が増し，目的意識をもった計画的な活動もできるようになってくる．また，集団的な遊びやゲームを好んで実施するようになる．認識面では，時空間の認識が拡大し，初歩的な論理的思考によって，人の動きを言葉で説明できるようになってくる．2017年の学習指導要領において，中学年のゲームでは本格的なボール運動の前段階となる「ゴール型ゲーム」「ネット型ゲーム」「ベースボール型ゲーム」の「易

しいゲーム」で構成されている．内容としては，それぞれ「基本的なボール操作」と「ボールを持たないときの動き」「ボールを操作できる位置に体を移動する動き」「得点をとったり防いだりする動き」を学習することとされている．

　中学年では戦術的な認識・技能の獲得がめざされ，スペースを見つけたり，意図的にスペースをつくりだしたりするための，基礎的な戦術やコンビネーションを高めていく学習が重要となる．また，中学年では論理的な思考もできるようになってくるため，視点が絞られた比較・実験をしながら運動の課題や方法を探求したり，作戦図を使用して自分たちで作戦を立案・修正したり，ゲーム分析を実施して自分たちの課題を発見し，チーム練習で解決したりしていく主体的な学習もさせていきたい．

（3）高　学　年

　高学年になると，「9・10歳の壁」を乗り越え，少しずつ具体的な思考から抽象的な思考が可能になってくる時期である．中学年以上に「なぜ」という問いをもち，自分たちで解決の糸口を探求していこうとする主体的な学びが可能になる．そのため，2017年の学習指導要領では，高学年になると自己の課題だけではなく，自己やチームの課題を発見し，その解決のための活動を工夫することが提示されている．また，高学年は，「ゴール型」「ネット型」「ベースボール型」で構成され，それぞれ「ボール操作とボールを持たない動き」「個人やチームによる攻撃と守備」「ボールを打つ攻撃と隊形をとった守備」によって「簡易化されたゲーム」が内容とされている．

　高学年では，「運動文化の特質（そのスポーツのもっている独自のおもしろさ）」を本格的に学びはじめさせたい時期であり，教材ごとで，ゲームの状況に応じたかけひきのある戦術的な攻防を学習させたい．また，中学年の学習を発展させて，自分たちで作戦を立案・修正したり，課題を解決するために教え合ったりするだけではなく，目的をもった練習計画を立て，実行し，ふりかえるなど，主体的な学習を通して「計画―実践―総括」のサイクルを学ばせていきたい．さらに，ゲームの運営の仕方（大会運営，ルール，審判）をみんなで相談して決めたり，ゲームやルールの背景にある歴史的な事実や現代スポーツ

の実態を知ったりするなど，スポーツを文化的側面もふくめて総合的に理解させる学習も重視していきたい．

3. 具体的な指導事例

（1） 低学年（ボールゲーム）

1）シュートボールの特性

シュートボールは，ボールを手で保持して走り，相手のゴール（的）にシュートするゲームである．ドリブルはなく，シュートは，的にボールをあてたり，倒したりするこ

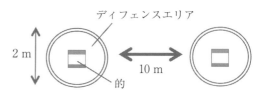

図 2.5.1　シュートボールのコート例

とで成立とする．単純なルールのため，低学年から作戦を考えやすい．また，ルールや道具を変化させて多様な競技形態をつくることもでき，子どもたちの発達段階や要求に合わせて柔軟にルールづくりをしていくことができる．図 2.5.1 はコート例（1 重円）である．ディフェンスエリアは 2 重円の中のみとされることが多いが，低学年だと 2 つの線の区別が難しいため，1 重円にしてもよい．的は直接地面に置かず，台の上に置くとねらいやすい．使用するボールは柔らかくて片手でつかめる大きさがよい．また，スタートラインを中央に設置し，シュートが決まるごとに体勢を整えて再スタートしてもよい．

2）低学年のシュートボールで獲得させたい認識と技能

低学年のシュートボールでは，自分がたくさんシュートを経験することで，基本的な投球技術を獲得させたい．また，ゲームにおける戦術としては，キーパーやディ

図 2.5.2　縦並びディフェンスの様子
（学校体育研究同志会，2015）

3. 具体的な指導事例　155

フェンスのスペース（重要空間）を見つけたり，つくりだしたりして攻める動きや，攻守の切り替えを理解し，動けるようにしたい．その際，子どもたちの言葉を使用して「○○作戦」と典型化することで学習を活発にできる．さらに，低学年の出口像として，シュートできない状況を克服するために，スペースでパスを受けてシュートするコンビネーション攻撃にも挑戦させていきたい．

3）シュートボールの単元計画例（全 13 時間）

時	学習活動	学習の内容と指導のポイント
1	<オリエンテーション> ・シュートボールの説明，目標づくり，チーム編成，グループノート作成	○グループ編成は，技能差・認識差を混在させた異質グループとする．
2〜3	<的あてゲーム「鬼をやっつけろ！」> ・壁に鬼が描かれた紙を貼り，投げあてる　1分間に何回当てられるか挑戦 ・壁あてを2対1のキーパーありに発展　壁で跳ね返るボールを予測する ・2重円の中に鬼の顔が描かれた段ボールやコーンを配置し，チーム対抗で的あて．	○基本的な投技能を獲得させる． ・うまく投げられている子どもを観察し，ポイントを発見する． ・記録がよくない子の動きを考える時間も設定する． ○キーパーのポイント（相手の正面に立つetc）も理解させる．
4〜5	<1対1> ・発問「キーパーのどこをねらうとシュートが決まるのだろうか」 ・発問「相手の『すきをつくる』ために，どのような作戦があるか，考えよう」	○1対1の学習内容 Of：ねらいどころは，足の間，頭の上，脇 etc．作戦は，フェイントシュート作戦，ぐるぐるシュート作戦 etc
6〜7	<2対1のシュートボール> ・発問「2人で協力する作戦を考えよう」 ・グループ練習とたしかめのゲーム	○2対1の学習内容 Of：こぼれ球を拾える位置にいく，斜めパス作戦，裏パス作戦 etc
8〜10	<2対2のシュートボール> ・発問「2人でどのように守るとよいか」 ・発問「守りの作戦を崩す作戦を考えよう」　ゲーム記録（シュート決定調査） ・シュートできない子のためのグループ練習とたしかめのゲーム	○2対2の学習内容 Df：横並び（プレス） 　　縦並び（プレス） 　　場所を決める（ゾーン） Of：1対1や2対2の応用，スペースでパスを受ける動き

11〜12	＜まとめのゲーム＞ ・目標「チームのみんながシュートを決めよう！」	○ どんなゲームだとみんなが楽しめるのかを意見交流し，共通の目標やルールを合意する．
13	＜まとめ＞ ・動画撮影をまとめた名場面集で振り返る． ・これまでの学習で学んだことをまとめる．まとめる視点を提示する．	○ ゲーム中に撮影していた一人ひとりの名場面を視聴 ○ まとめる視点は，おもしろかった，わかったできた，友だちと協力し合ったこと etc

表中：Of はオフェンス，Df はディフェンス

（2） 中学年（ゴール型ゲーム）

1）フラッグフットボールの特性

フラッグフットボールとは，アメリカンフットボールを安全に楽しめるように簡易化したスポーツである．作戦を立てて攻撃側はボール保持者のタッチダウンをめざし，防御側は相手の腰についたフラッグをとり，進行を阻止する．また，継続的に攻撃をするダウン＆ディスタンス制と，1回のスタートラインからの進行距離を得点化する得点制がある．図2.5.3は，得点制コートである．クオーターバック（◎の選手）を輪番しながらスタートラインから1回ずつ攻める．ダウン制のコートは均等なプ

図 2.5.3　得点制コート例

レイ回数を保障するために攻防の切り替えをなくすとよい．その場合，攻撃側がメンバーを交代しながら，既定の攻撃回数をダウン制によって実施する．コートの大きさも対戦人数や発達段階によって調整し，戦術や技術が学べる環境を整えるとよい．

2）中学年のフラッグフットボールで獲得させたい認識や技能

フラッグフットボールでは，作戦づくりを通して，スペースをみつけて走り抜けたり，味方とのタイミングを合わせた動きをしたりするなど，基本的な戦術行動を獲得することができる．それぞれの役割を分析したり，作戦失敗の原

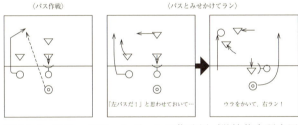

図 2.5.4 フラッグフットボールの作戦例（学校体育研究同志会，2015）

因を探求したりしながら，より効果的な戦術を発見させたい．また，中学年では，「ボール保持者を守る」「スペースをつくる」「混乱させる」という戦術課題を理解させ，解決のためのブロック，フェイント，ハンドオフまたはフォワードパスを学習させていきたい．中学年の出口像としては作戦の特性を理解し，相手の裏をかく，かけひきのあるゲームに挑戦させていきたい．

3）フラッグフットボールの単元計画例（全15時間）

時	学習活動	学習の内容と指導のポイント
1	＜オリエンテーション＞ ・フラッグフットボールの説明（映像視聴），目標づくり，チーム編成，グループノート作成	○アメリカンフットボールの文化的背景をふまえ，フラッグフットボールの特徴を解説する．
2	＜感覚づくり＞ ・しっぽとり合戦 　チーム対抗：1分以内にどれだけ奪えるか ・宝運びゲーム 　5対3：何人じゃまゾーンをこえられるか	○フラッグの安全な取り方を指導する． ○すきをつくることや簡単な作戦を指導する．
3〜5	＜2対1＞（4時間） ・課題「プレスディフェンスをしよう」 ・発問「突っこみDfを防ぐにはどうするか」 　「迷わせてすき（スペース）をつくる」＝フェイント，「守る」＝ブロック	○2対1の学習内容 Df：スタートの合図で，突っこむ． Of：フェイントは，1歩または半歩進んで，切り返す．ブロックは，相手の斜め前や真横で防ぐ．

時	学習内容・活動	指導上の留意点
6〜9	<2対2>（2時間） ・発問「2人でどのように守るか」 ・発問「増えた Df にどう対応するか」 ・課題「フォワードパスを成功させよう」 ゲーム記録をとる． スペースをつくる作戦，守る作戦，混乱させる作戦に整理する．	○2対2の学習内容 Df：プレス（はさみうち），プレス＋ゾーン etc Of：〔スペース〕2人同時フェイント，左（右）ランと見せかけて右（左）ラン，〔守る〕奥の Df をとめるブロック，〔混乱〕ランふりパス，パスふりラン etc
10〜12	<3対3>（4時間） ・課題「2対2の学習を活かした作戦づくりとグループ学習」 ・課題「かけひきのあるゲームをめざそう」 ゲーム記録をとる．作戦カードをつくる．	○3対3の学習内容 ・ラン・パス作戦の特性 ランは確実に前進できる． パスは失敗するが大きく前進． ○ハンドオフを指導してもよい．
13〜14	<まとめのゲーム> ・目標「みんなでみんながタッチダウンをめざそう」	○どのようなゲームだとみんなが楽しめるのかを意見交流し，共通の目標やルールを合意する．
15	<まとめ> ・これまでの学習で学んだことをまとめる．	○グループノートをもとに，これまでの学習をふりかえる．

表中：Of はオフェンス，Df はディフェンス

（3） 高学年（ネット型）

1）ホールディングバレーボールの特性

ホールディングバレーボールは，トス・レシーブ時のホールディングを許容することで（レシーブのみ許容でもよい），アタックを含んだかけひきのあるラリーを楽しめる教材である．基本のルールは，ボールを保持したら1歩以上は歩かない，1人1回しか触球できないとする．ただし，ホールディングの許容は技能習熟とともに制限していく．時間のポ

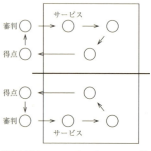

図 2.5.5 ローテーションの仕方

イントは「い〜ち」のリズムで，掛け声をかけ合いながらつかませるとよい．また，片手でのアタックは難しいため，両手で意図的にスペースをねらうアタックを習熟させていく．ローテーションの仕方は，得点や審判（のちに記録）を含んで図2.5.5のようにするとよい．

サービスは左奥の人へ下投げで「サービス」する．図のフォーメーションは三角形だが，逆三角形でもよい．4対4もブロックが2人になる四角形か，ブロックが1人になる菱形がある．フォーメーションは，指導のねらいに応じて工夫していきたい．

2）高学年のホールディングバレーボールで獲得させたい認識や技能

バレーボールではボールをコントロールするために空中での姿勢制御が必要となり，これらは毎時間の感覚づくりをバージョンアップさせながら獲得させたい．また戦術として，相手のスペースをねらったアタックと，それを阻止するレシーブ（「構え」「分担」「予測」）を学習させ，かけひきのあるラリーへと高めていく．バレーボールは「レシーブ―トス―アタック」がつながっており，コンビネーションプレイとして指導することで，仲間に合わせられるようボールコントロールの質を高めていくとよい．高学年の出口像としては，相手のレシーブを惑わす2方向からの攻撃とレシーブとのかけひきへと発展させ，攻防を楽しませたい．また，まとめのゲームの前に，自分たちで練習の計画を立て，実践し，総括させる学習に取り組ませ，スポーツの自治を学ばせていきたい．

3）ホールディングバレーボールの単元計画例（全16時間）

時	学習活動	学習指導
1	＜オリエンテーション＞ ・ホールディングバレーボールの説明，目標づくり，チーム編成，グループノート作成	○バレーボールの文化的背景や現在の様子をふまえ，ホールディングバレーボールの特徴を解説．
2〜4	＜感覚づくり・試しのゲーム＞ ・毎時間実施する感覚づくりを理解する． ・3対3の試しのゲーム 　発問「どうやったら得点できる？」	○感覚練習（技術学習）の内容 ペアで，パス，ジャンプキャッチ，ゆさぶりキャッチ，ネットを挟んだ練習 etc

5〜7	＜3対3：意図的なアタックの習熟＞ ・発問「どこにねらうとポイントできるか」 ノータッチや触球しても取れない位置を，コート図に印（シール）をつけ記録する． ・課題「意図的なアタックをしよう」 調査から発見したねらいどころに目標物（フラフープetc）を置いてグループ練習． ・課題「打ちやすいトスをあげよう」	○アタックの学習内容 　力強いアタックよりも意図的にスペースをねらうアタックの方が得点できると発見させる．穴はネット際，はじ，人と人の間，奥etc ○意図的なアタックを打つためには打ちやすいトスが重要なことを感想文の記述内容を紹介しながら指導する．
8〜10	＜3対3：意図的な守りの習熟＞ ・発問「ねらってくるアタックをどう止めるか」 ・課題「穴を埋めるフォーメーションをつくろう」 ゲーム記録から，守れていない位置の確認．	○レシーブの学習内容 　レシーブはアタッカーを向いて「構える」，穴を埋める「分担」，ねらいどころの「予測」が必要．分担は相手アタッカーの位置を頂点に合わせて三角形をつくる．
11〜13	＜4対4：ブロックありのグループ練習＞ ・課題「ライトとレフトの2方向からの攻めを考えよう」 ・チームの課題を解決するグループ練習 ・ゲーム記録からチームの課題を考える．	○1人1回触球ルールを外し，2方向からの攻めを考える． ○4：4でも三角形のレシーブフォーメーションを活かせることを理解させる．
14〜15	＜まとめのゲーム＞ ・チームの目標とゲーム記録を考えさせる． 全員アタック，決定率，守りの徹底etc	○バレーボールのおもしろさ（アタックとラリーの矛盾関係）を理解させ，ゲームの目標を考える．
16	＜振り返り＞ ・これまでの学習で学んだことをまとめる．	○グループノートをもとに，これまでの学習をふりかえる．

4．指導上の留意事項

（1）　戦術・技術の系統的指導

ボール運動においては，教材の特性に応じた基本的なボール操作技術が必要

となるため，毎時間のはじめに感覚づくりを導入して習熟させていくとよい．感覚づくりは学習が発展していくとともに，バージョンアップさせてゲームとの関連性を高めていくとよい．

ボール運動においては，攻防が生起し，自分や相手，周囲の状況から有効な方法を判断する能力が要求される．また，状況を判断し適切な行動をとるためにも，「もし～ならば，～する」

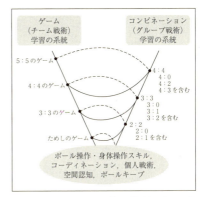

図 2.5.6 ボール運動の学習の組み立て（森，2015）

という形式をもった戦術的知識が必要となる．そのため，ボール運動においては，いきなり集団的なゲームを実施しても，子どもたちにとっては情報過多であり，知識不足のために適切な戦術行動をとることができない．そこで，まずはプレイヤーの人数やコート空間を小さくして，数的優位（アウトナンバー）な状況を設定するなど，教材を工夫してゲームで必要な認識や技能を獲得させたい．そこから，次第に課題を発展させていくとよい．これにより，実際のゲームを経験しながら，ゲームで必要になるコンビネーションを系統的に学習していくことができる（図 2.5.6）．

さらに，ボール運動においては，攻撃と防御の密接な関係をふまえた指導が不可欠である．例えば，攻撃だけを一方的に高めても，防御の高まりがともなわなければ，求められる攻撃の質が高まっていかない．したがって，攻撃が高まり防御に課題がみえたら，防御の戦術を学習していくというように，攻防の相互発展的な指導系にしていくことが必要となる．

（2） スポーツの自治を学ぶグループ学習の指導

私たちが日常でスポーツ活動をする際には，自分たちで仲間を集め，目標を立てて練習をするなど，自治的な運営が求められている．また，その集団がみんなを大切にして民主的な運営をしていくことが望ましい．そこで，学校体育

においても，みんなを大切にするグループ学習によって，自分たちで課題を発見し，解決していくための方法（自治）を獲得させたい．

そのためにも，まずは毎時間で教えたい共通の学習内容（戦術・技術的知識）を明確にしたい．子どもたちがゲーム分析をしたり，教え合いをしたりするためには，運動のポイントを理解していることが必要になる．それなくして，友だちとの対話を学び合いにつなげることはできない．また，ゲームが盛り上がる陰で，ウロウロしてしまう苦手な子こそが，わかって，できるようになる共通の学習内容を構想していきたい．その際，共通の学習内容として，コンビネーションに着目したい．シュートがその前のパスに影響を受け，アタックがその前のトスに影響を受けるように，戦術や技術は集団的な特性をもっている．したがって，コンビネーションに着目することで，シュートやアタックができないのは苦手な子の課題だけではなく，パスやトスをする子，すなわちチームの課題にもなり，学び合う必然性が生起する．

次に，「わかる」ことを可視化する教材・教具の開発が重要である．実験や調査によって自分たちの「でき具合」や「わかり具合」を目に見える形に変換することで，一部の子の意見に流されず，みんなが納得して課題やその解決方法を理解できる．さらに，ゲーム記録によって苦手な子の課題を，チームの課題としてグループに引き取らせることができる．そのため，ゲームに必要なコンビネーションを学習した段階で，できない子の課題をチームの課題として引き取らせ，「自分たちで」課題を解決させていく時間を設定していきたい．こうして，「できない子」を大切にしながら，自分たちで課題を解決する学習となるよう工夫していきたい．

引用・参考文献
1．学校体育研究同志会編（2015）たのしいボールゲームハンドブック．
2．玉腰和典・久我アレキサンデル（2015）小学校でネット型球技（ホールディングバレーボール）をやってみよう．たのしい体育・スポーツ，34（10）：3-5．
3．森敏生（2015）ゴール型ゲームの技術・戦術学習．武蔵野美術大学身体運動文化研究室編　スポーツ・健康と現代社会，武蔵野美術大学出版局．
4．岩田靖（2016）ボール運動の教材を創る．大修館書店．

第6章 表現リズム遊び／表現運動

1. 表現リズム遊び／表現運動の特性とねらい

　表現リズム遊び及び表現運動（以下，表現運動系と略す）は，その特性が「自己の心身を解き放して，イメージやリズムの世界に没入してなりきって踊ったり，互いのよさを生かし合って仲間と交流して踊ったりする楽しさや喜びを味わうことのできる運動」（文部科学省，2017，p.32）である．また，みんなで楽しく踊ったり表現したり，ダンスを通して地域や世界の文化に触れたりする学習を通して，子どもの情操や創造性を養うことやコミュニケーション能力を培うことなどがねらいである．今日，表現運動系は学習者の成長過程において欠かせない体育科の運動領域の一つとして位置づけられている（図2.6.1）．

　この表現運動系の学習においては，教師は，子どものレディネス，発達段階，子どもを取り巻く環境，学校のカリキュラムなどを考慮して，教材づくりを行うことで，子どもが生き生きと取り組める授業を展開していくことができ

領域	学年 1・2	3・4	5・6
			体操
		器械運動	器械運動
	基本の運動	陸上運動	陸上運動
		水泳	水泳
	ゲーム	ボール運動	ボール運動
		表現運動	表現運動
		保健	保健

運動領域の構成（平成元年）

領域	学年 1・2	3・4	5・6
	体つくりの運動遊び	体つくり運動	体つくり運動
	器械・器具を使っての運動遊び	器械運動	器械運動
	走・跳の運動遊び	走・跳の運動	陸上運動
	水遊び	水泳運動	水泳運動
	ゲーム	ゲーム	ボール運動
	表現リズム遊び	表現運動	表現運動
		保健	保健

運動領域の構成（平成29年）

図2.6.1　平成元年及び平成29年に改訂された学習指導要領の運動領域

る．具体的には，子どもの身近な生活や環境の中から題材を見つけることや他の教科と関連づけたりすること（例えば，国語の詩や算数の図形，英語のアルファベット，図画工作の絵画や造形等），新たなことに視野を広げ挑戦し，好奇心を持って取り組むことが大切である．

『星月夜（The Starry Night）』フィンセント・ファン・ゴッホ，1889年（ニューヨーク近代美術館蔵）

一方，子どもは授業の中で，既有の知識を活用し工夫したり表現したりすることができる．学習を通して色々なものを新たに知ったり見たりする経験から，さらに知りたいという欲求が生まれ視野を広げていき，一層豊かな表現活動へと習熟をくりかえす．したがって教師は，このような習ったことや経験したことを学習で活かそうとする子どもの「学びの特性」を念頭に置きながら学習指導を進めて行くことが大切である．子どもの気づきが増え，視野が広がり，感性が育ったり知的好奇心が掻き立てられたりしながら理解が深まる学習の場をぜひつくりたい．

2．表現リズム遊び及び表現運動の内容と指導のポイント

ここでは，表現運動系の内容構成について述べるとともに，子ども一人一人の基礎的な力を伸ばすために習得させる学習要素の指導のポイントについて説明していく．

学年	低学年	中学年	高学年
領域	表現リズム遊び	表　現　運　動	
内容	表現遊び リズム遊び	表　現 リズムダンス	表　現 フォークダンス

2. 表現リズム遊び及び表現運動の内容と指導のポイント　165

(1) 表現運動系の内容構成

　低学年の領域「表現リズム遊び」は，「表現遊び」及び「リズム遊び」の内容で構成されている．これらの運動遊びは，身近な動物や乗り物などの題材の特徴を捉え，そのものになりきって全身の動きで表現したり，軽快なリズムの音楽にのって弾んで踊ったりする楽しさや友達と様々な動きを見つけて踊ったり，みんなで調子を合わせて踊ったりする楽しさに触れることができる運動の特性がある．

　中・高学年の領域「表現運動」は，中学年で「表現」及び「リズムダンス」，高学年で「表現」及び「フォークダンス」の内容で構成されている．「表現」は，身近な生活などから題材を選び，動きに変化と起伏をつけて表したいイメージや思いを表現することの楽しさに触れることができる運動の特性がある．また「リズムダンス」は，軽快なロックやサンバなどのリズムにのって全身で弾んで踊り，友達と関わって踊ることの楽しさに触れることができる運動の特性がある．そして「フォークダンス」は，日本の各地域で伝承されてきた踊りや世界の代表的なフォークダンスの踊り方を身に付け，友達と交流する楽しさに触れることができる運動の特性がある．

　改訂小学校学習指導要領解説に示された表現遊び及び表現，リズム遊び及びリズムダンス，フォークダンスの内容を表 2.6.1～2.6.3 に項目的にまとめた．

表 2.6.1　表現遊び及び表現の内容

低学年	身近な題材の特徴を捉え，跳ぶ，回る，ねじる，はう，素早く走る，高・低の差や速さの変化のある動きなど全身の動きで即興的に踊る．
	［例］動物園の動物，遊園地ののりもの
中学年	具体的な生活からの題材，空想の世界からの題材，題材から主な特徴や感じを捉え，ひと流れの動きで即興的に踊る．はじめとおわりをつける．
	［例］○○づくり(料理)，一日の生活，ジャングル探検
高学年	多様な題材から主な特徴を捉え，ひと流れの動きで即興的に踊ったり，グループで変化や起伏のあるひとまとまりの動きを表現する．
	［例］感じの異なる動き，メリハリのある動き（緩急・強弱）

表 2.6.2 リズム遊び及びリズムダンスの内容

低学年	軽快なリズムにのって楽しく踊る．スキップで弾んで踊る．即興的な身体表現能力．リズムにのって踊る能力，コミュニケーション能力を培う．
	[例] ジェンカ（フィンランド），キンダーポルカ（ドイツ），タタロチカ（ロシア）
中学年	軽快なリズム（ロック，サンバ）の特徴を捉え，へそ（体幹部）を中心にリズムにのって，弾んで踊る．
	[例] 軽快なリズム，ビートの強いロックのリズム，サンバのリズム

表 2.6.3 フォークダンスの内容

	フォークダンスでは，伝承されてきた日本の民踊や外国のフォークダンスの踊り方の特徴を捉え，簡単なステップや動きで踊る
高学年	[例] 日本の民踊 それぞれの地域で親しまれている代表的な民踊．歌詞にともなう手振り，低く踏みしめるような足どりと腰の動き，輪踊り，一人踊りなど特徴をもつ踊り． ・阿波踊り（徳島県），春駒（岐阜県）：軽快な踊り．軽快な足さばきや手振りで踊ること． ・ソーラン節（北海道），エイサー（沖縄県）：力強い踊り．低く踏みしめるような足取りや腰の動きで踊ること．
	[例] 外国のフォークダンス 世界の国々で親しまれている代表的なフォークダンス．特徴や感じが異なる踊りや簡単な隊形・ステップ・組み方で構成される踊り． ・マイム・マイム（イスラエル）：シングルサークルで踊る力強い踊り．みんなで手をつなぎ，かけ声をかけて力強くステップを踏みながら移動して踊ること． ・コロブチカ（ロシア）：パートナーチェンジのある軽快な踊り．パートナーと組んでスリーステップターンなどの軽快なステップで動きを合わせたり，パートナーチェンジをスムーズに行ったりしながら踊ること． ・グスタフス・スコール（スウェーデン）：特徴的な隊形と構成の踊りでは，前半の厳かな挨拶の部分と後半の軽快なスキップやアーチくぐりなどの変化を付けて，パートナーや全体でスムーズに隊形移動しながら踊ること．

中学年の「リズムダンス」は，低学年の「リズム遊び」を学年段階に応じて発展させたものであり，軽快なリズムにのって友達と関わり合いながら，全身で弾んで踊ることが楽しい運動である．学年段階に応じて「リズムにのる～ビートの強いロックのリズム」では，動きにアクセントを付けたり，「サンバのシンコペーション」ではスイングなどでリズムをとるなど「リズムの変化を付ける」などへ発展させるよう内容が配分されている．

高学年の「フォークダンス」は，日本各地域の民踊と外国のフォークダンスで構成されている．これらは，それぞれの国や地域で親しまれている踊りで，民族性や地域性，気候風土などによって特徴が異なり，それぞれの文化や生活から生まれた踊りである．軽快なリズムの踊りや力強い踊りなど，その踊り方に特徴がある．踊りを通して，日本や世界の文化に触れることで伝統的な文化を尊重する態度も育てることができる．低学年の「リズム遊び」で簡単なフォークダンスを取り扱うように内容が構成されている．

（2） 表現運動系における三つの柱

2017（平成29）年3月31日に学校教育法施行規則の改正とともに，小学校学習指導要領及び中学校学習指導要領が公示された．この中で育成を目指す「資質・能力」が明確化され，目標及び学習内容が「三つの柱」で再整理された．表2.6.4は，改訂小学校学習指導要領解説に示された表現運動系における三つの柱の「知識及び技能」，「思考力・判断力・表現力等」，「学びに向かう力・人間性等」の学習内容を項目的にまとめたものである．これらをもとに実際の授業における学習内容や年間計画，単元計画などを作成することが求められる．近年，テレビやインターネットなどで，子どもたちは身近にダンスや身体表現活動に触れる機会が多くなっていることから，表現運動系の学習に関心を示す傾向が見受けられる．学習においては，子どもたちが題材を知り，活動の中で題材を理解し，体の動きで表現し，みんなで共有できることに楽しさや喜びを見出すように指導することが大切である．そして，評価においては，この三つの柱に即して，子どもの学習の状態をしっかり捉えることが大切である．

第6章　表現リズム遊び／表現運動

表 2.6.4　表現運動系における各学年の学習内容

低学年	中学年	高学年
知識及び技能		
次の運動遊びの楽しさに触れ，その行い方を知るとともに，題材になりきったり，リズムに乗ったりして踊ること．	次の運動の楽しさや喜びに触れ，その行い方を知るとともに，表したい感じを表現したりリズムに乗ったりして踊ること．	次の運動の楽しさや喜びを味わい，その行い方を理解するとともに，表したい感じを表現したり踊りで交流したりすること．
ア　表現遊びでは，身近な題材の特徴を捉え，全身で踊ること． イ　リズム遊びでは，軽快なリズムに乗って踊ること．	ア　表現では，身近な生活などの題材からその主な特徴を捉え，表したい感じをひと流れの動きで踊ること． イ　リズムダンスでは，軽快なリズムに乗って全身で踊ること．	ア　自己の能力に適した課題を見付け，その課題の解決のための活動を選ぶこと． イ　課題の解決のために考えたことを友達に伝えること．
思考力・判断力・表現力等		
身近な題材の特徴を捉えて踊ったり，軽快なリズムに乗って踊ったりする簡単な踊り方を工夫するとともに，考えたことを友達に伝えること．	自己の能力に適した課題を見付け，題材やリズムの特徴を捉えた踊り方や交流の仕方を工夫するとともに，考えたことを友達に伝えること．	自己やグループの課題の解決に向けて，表したい内容や踊りの特徴を捉えた練習や発表・交流の仕方を工夫するとともに，自己や仲間の考えたことを他者に伝えること．
ア　身近な題材の特徴を捉えて踊ったり，軽快なリズムに乗って踊ったりする表現遊びやリズム遊びの簡単な踊り方を工夫すること． イ　よい動きを見付けたり，考えたりしたことを友達に伝えること．	ア　自己の能力に適した課題を見付け，その課題の解決のための活動を選ぶこと． イ　課題の解決のために考えたことを友達に伝えること．	ア　自己やグループの課題を見付け，その課題の解決の仕方を考えたり，課題に応じた見合いや交流の仕方などを選んだりすること． イ　課題の解決のために自己や仲間の考えたことを他者に伝えること．

2. 表現リズム遊び及び表現運動の内容と指導のポイント　169

学びに向かう力・人間性等		
運動遊びに進んで取り組み，誰とでも仲よく踊ったり，場の安全に気を付けたりすること．	運動に進んで取り組み，誰とでも仲よく踊ったり，友達の動きや考えを認めたり，場の安全に気を付けたりすること．	運動に積極的に取り組み，互いのよさを認め合い助け合って踊ったり，場の安全に気を配ったりすること．
ア　題材になりきって踊ったり，軽快なリズムに乗って踊ったりする運動遊びに進んで取り組むこと． イ　表現遊びやリズム遊びに取り組む際に，誰とでも仲よく踊ること． ウ　表現リズム遊びをする場の設定や使った用具の片付けを，友達と一緒にすること． エ　友達とぶつからないように周りの安全に気を付けて踊ること．	ア　表したい感じをひと流れの動きで踊ったり，軽快なリズムに乗って全身で踊ったりする運動に進んで取り組むこと． イ　表現やリズムダンスに取り組む際に，誰とでも仲よく踊ること． ウ　表現やリズムダンスを行う場の設定や用具の片付けを，友達と一緒にすること． エ　表現やリズムダンスでの友達の動きや楽しく踊るための友達の考えを認めること． オ　友達とぶつからないように周りの安全を確かめて踊ること．	ア　表したい感じやイメージを表現したり，日本の民踊や外国のフォークダンスで交流したりする運動に積極的に取り組むこと． イ　表現やフォークダンスに取り組む際に，互いの動きや考えのよさを認め合うこと． ウ　表現やフォークダンスにグループで取り組む際に，仲間と助け合うこと． エ　表現やフォークダンスを行う場の設定や用具の片付けなどで，分担された役割を果たすこと． オ　活動する場所の危険物を取り除くとともに，仲間とぶつからないよう，場の安全に気を配ること．

(3)　指導のポイント

1)　基礎的学習要素

　表現運動系の基礎的学習要素には，基本動作，動きの組み合わせ，アレンジの要素，隊形や導線の変化などがある．どのような動きがあり，動きをどのように組み合わせて多様な表現が生まれるのか，具体的な基礎的学習要素を例示

すると以下のようになる．

（基本動作）

　○移動しない動き：回る，ねじる，たたく，上げる，下げる，引く，押す，伸ばす，曲げる，すくう，浮く，キック，落ちる，とける，蛇動・波動など

　○移動する動き：歩く，走る，すり足，スキップ，ホップ，ジャンプ，リープ，ギャロップ，忍び足，スパークル，ツーステップなど

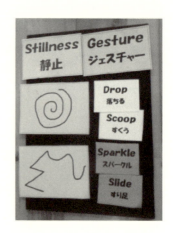

　○ジェスチャー：何かを伝えたり表したりする動き

　○ポーズ：静止した姿勢，対称及び非対称の形

（動きの組み合わせ）

　1動作2カウント又は4カウント，曲げる―伸ばす―回転（ねじる，回る），ジャンプ―バランス―ジェスチャー，回旋―蛇動・波動など

（アレンジの要素）

　時間（長く―短く），空間（広く―狭く，大きく―小さく，高く―低く），力性（強く―弱く）の使い方がある．また，音楽のビート（打つ，叩く，鼓動，拍子）やリズム（音の長短及び強弱）やテンポ（速く―遅く）など

（隊形や導線の変化）

　隊形（フォーメイション）や導線（移動ルート）の変化には，直線的なもの，曲線的なもの，またランダムなものがある．また，集団で行う表現運動系の隊形や導線の変化には集合・分散がある．

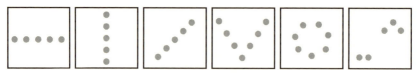

【隊形変化の例示】

2. 表現リズム遊び及び表現運動の内容と指導のポイント　　*171*

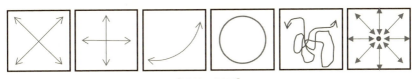

【導線の例示】

これらを学ぶことで，子どもの表現運動系の学習でどうしたらいいか分からないという困惑を解消することができる．カードをつくるなど視覚的に提示することで，より子どもの興味関心を高め，動きに挑戦する意欲を引き出すことができる．

2) 創作の3要素

作品づくりの学習過程においては，以下に示す3つの要素を子どもに意識的に学ばせることが重要である．それは，「題材」，「イメージ（見えるもの，感じるもの）」，「実際の動き」の3つである．

まず，「題材」と「イメージ」である．選んだ「題材」について，「何が見えるかな？」，「どんな感じがするかな？」など，子どもたちが主体的にイメージを他者へ伝える機会やイメージを自己の中で広げていける機会がつくれるような「問いかけ」をすることが大切である．子どもにできるだけ沢山の特徴を見つける経験をさせ，仲間と同じものを見つけることや，誰も見つけていないことを発見して伝えることで，子どもの喜びや好奇心を広げることができる．それは，次の「イメージ」を「動き」に変えることへの意欲につながり，多様な動きで即興的に表現したり，ひとまとまりの動きを創造したりすることへよりスムーズに展開できる力となる．その繰り返しの学習によって，子どもたちは低学年から高学年へと創作活動がより良く習熟されていく．イメージが持ちにくい子どもほど，「3つの要素」についてしっかり知る機会を増やすように工夫し，イメージを持てる子どもには各要素を有効に活用し，さらに豊かな表現ができるようにする段階も考慮し授業を考え工夫していくことが重要である．下記に「3つの要素」の関係図を示す（図 2.6.2 参照）．

「3つの要素」
○題材
○イメージ
　（見えるもの，感じるもの）
○実際の動き

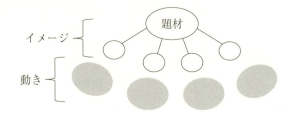

図 2.6.2　3つの要素の関係図

3．具体的な指導事例

（1）　表現遊び（2年）題材「かっこう」
1）　題材の選択

表現遊びにおける題材は，①身近な生活の中から選択し，②その主な特徴を捉えて表現したり，軽快なリズムにのって踊ったり，③みんなで踊りを楽しむことができ，④互いの良さを認め合い協力して練習や発表ができるものがよい．子どもが慣れ親しみ，特徴が捉えやすい題材として2年生の音楽科教科書教材の「かっこう」を取り上げた．歌詞や曲のイメージから，全身の動きで即興的に踊る．さらに，国語科教科書教材「お話づくり」を三場面構成（はじめ―なか―おわり）で学習している経験をもとに「かっこう」の歌の1・2番について「登場人物」や「情景」をグループで話し合い，三場面の簡単なストーリーをつくり，みんなで踊ることを計画した．

2）　表現する楽しさを獲得させる工夫

導入時には，色々なステップを練習したり，題材のイメージに近づく動きを示して音楽やリズムに合わせて身体を動かすウォーミングアップを行う．

展開時には，「かっこう」という鳥や霧の中，母さんかっこう，子どものかっこう，森の動物（りすやうさぎ）など子どもたちから登場人物や情景（要素）をみんなで考え，グループになって「お話づくり」の三場面（はじめ―なか―おわり）を話し合わせ，ストーリーをグループでつくらせるという学習のパターンをつくる工夫をする．空間を自由に使いながらひと流れの動きをつく

りだすことができるように体育館のフロアーを森に見立て，問いかけをしながら森の中の情景をイメージさせるように場の工夫をする．また，かっこうや森の動物の特徴を捉えるために，絵や写真，動画を見せながら見えるものや感じること

をしっかり持たせるなど理解の促進を図る工夫をする．さらに，題材である「かっこう」の「小道具」を作り，なりきって踊る気分を高める工夫も大切である．

　表現遊びは一人一人がなりきって踊る楽しさも大切であるが，友達がどのような表現をするのか見て学ぶことも大切な学習の一つであることから，グループ発表の場をつくる．発表と鑑賞の時間には，フロアー全体を発表ステージにすることを理解させるために鑑賞する子どもをフロアーに円形に座らせるなど，鑑賞する場の工夫も大切である．

　発表の後は，「発表ではどんな表現が見えたか」，「感じたことや面白いと思ったこと楽しかったこと」，「仲間の発表のよかったところ」，「自分だったらもっとこんな風に工夫すると思ったところ」など感想や気づきをフィードバックすることで，さらに子どもたちの表現を深めさせる．

3）　表現遊び「かっこう」の単元計画例（2年生全6時間）

時	学習内容と活動	指導（支援）のポイント
1	リズムに乗っていろいろなステップを習う （1）ウォーミングアップ （2）先生のステップのまねっこあそび （3）どんぐりころころを踊る	・いろいろなリズムで手や足や全身を動かすことを体験させる ・題材のイメージに近づく動きを示す ・どんぐりころころの踊りやステップを通して，歌詞に振りを付けて表現する楽しみを味わわせる
2	題材の特徴を捉えて，全身の動きで即興的に踊る （1）どんぐりころころを踊る （2）かっこうの曲を聞いて個人やグループで自由に踊る	・冠にどんぐりの絵を描かせて小道具を作って踊る気分を高めさせる ・音楽の時間に習う身近な曲を取り上げる ・個人やグループで即興的に踊った

	(3) 踊る人と見る人に分かれて意見交流をする	り，友達の動きを模倣したりする ・意見交流させ次時の表現につなげる
3〜4	かっこうの曲をよく聞き，歌詞のことばのもつ意味を考え，登場人物や情景について話し合い，動きで表現する (1) かっこうの写真を見て実際を知り，動きをイメージする (2) 最初のかっこうの歌詞をよく聞いて情景を話し合う (3) かあさんはどこにいるかを話し合い，空間を使った表現をする	・かっこうの写真を見せてイメージをふくらませ，羽や飛んでいる様子からどのように工夫して表現するか考えさせる ・・霧の中や朝など，情景について話し合わせ，物語の中に登場する役を考えさせる ・広い森の空間をイメージできるようにかあさんがどこにいるか話し合わせる
5〜6	かっこうの簡単なストーリー（はじめ―なか―おわり）についてグループで話し合い，動きをつくって発表する (1) 3つのシーンに分けてストーリーをつくる (2) かあさんと子どものかっこう，森の動物や霧や木々など登場人物を分担し，個人やグループで踊る (3) グループごとに発表し，よかったところや工夫したところ，楽しかったことなどを話し合う	・3つのシーンに分けた用紙を配布し，ストーリーや題について話し合わせ記入させる ・動きながら役やストーリーについて表現のイメージをふくらませる ・グループで協力していたことや動きや空間の使い方の工夫などについて評価し励ます

　「表現遊び」の授業では，その行い方を知ると共に身近な題材を捉えて全身の動きで即興的に踊ることが大切である．かっこうの踊りでは，子どもが「森の朝」という題をつくり，母さんかっこうと子どものかっこうの霧の中の様子を三場面の物語で作った．子どもの表現の中には，跳ぶ，まわる，素早く走

る，高低の差や，速さの変化のある動きや体育館を森の中に見立てて広く使い，母さんかっこうと子どものかっこうが離れて呼び合う様子を楽しみながら表現していた．曲に合わせて両手をひらひら羽のように動かしながら，ひと流れの動きを踊る中に，親子鳥の温かい様子が感じられた．

　授業後に，「踊って楽しかった」，「みんなで話し合って心を一つにできた」，「自分たちで考えられたので良かった」，「全員がかっこうの子どもとかっこうのお母さんだけになると寂しいから，動物も入れて僕はうさぎになり，霧とリスもいて良かった」「ダンスはみんなの心を合わせないとできない」，「練習をすることで自分が楽しく行動できる」など，表現遊びにおける創作活動を行う楽しさを味わったことを記した感想文が多く見られた．特に，グループで活動に取り組み，踊る楽しさやできる喜び，チームワークの難しさや大切さ，コミュニケーションを図り工夫することでより充実した表現になることを理解させることで，単に踊るだけではない，よりクリエイティブな活動を体験できていた．

　下記に子どもたちと毎回授業のはじめに踊った「どんぐりころころ」を参考資料に載せておきたい．これは，「どんぐりころころ」の歌に合わせて動きやジェスチャーを組み合わせ友達と交流するダンスである．子どもたちは喜んで毎回楽しく踊ることができた．このような歌に合わせたダンスを教師と子どもが工夫して一緒に楽しみながら創ると良い．

176　第6章　表現リズム遊び／表現運動

【歌に合わせて振りをつける事例（歌：どんぐりころころ）】

1・2 どんぐり （ぐるぐる）	3・4 ころころ （トントン）	5・6 どんぐり （ぐるぐる）	7・8 こ （トントン）

1・2 おいけに （くるくる）	3・4 はまって （くるくる）	5・6 さあたい （しゃがんで）	7・8 へん （ジャンプ）

1・2・3・4 どじょうがでてきて （10時　2時　4時　8時）	5・6・7・8 こんにちは （おじぎ）

1・2 ぽっちゃん （右手あくしゅ）	3・4 いっしょに （左手あくしゅ）	5・6・7・8 あそびましょ （手をあげる）

4. 指導上の留意点

(1) 題材の選択

「題材」は，子どもが親しみをもてる身近な題材で且つ特徴を捉えやすいものを選択することが大切である．具体的には，低学年では身近な生活からの題材や多様な感じの動きを含む題材，中学年・高学年では，空想の世界など想像が広がる題材や変化と起伏のある表現へ発展し易い題材などが適している．また学年が進むにつれて，具体的な題材から抽象的・概念的な題材へと発展することが望ましい．題材をよく知っているから表現ができ，表現しようとすることで題材をよく知ることができる．

(2) ひと流れの動きとひとまとまりの動き

中・高学年「表現」における技能では，「ひと流れの動きで即興的に踊ること」と「簡単なひとまとまりの動きにして踊ること」の2点が大切である．

前者は，題材から捉えた動きを基に，表したい感じを中心として動きを誇張したり，変化を付けたりして，メリハリ（緩急・強弱）のある「ひと流れの動き」にして表現することである．この「ひと流れの動き」を表現するためには，題材における内容に応じた基礎的な動きの技術を習得させることが必要である．すなわち，習得した基礎技術を組み合わせて子どもは様々な表現を行うことができる．また，後者は，表したいイメージを変化と起伏のある「はじめ―なか―おわり」の構成を工夫して表現することである．学習方法としては，「模倣から即興へ」さらに「一人の即興からグループ作品へ」と発展していくように指導していくことが望ましい．

(3) 単元の展開

単元の展開は，「創る」から「踊る」，「鑑賞する」へと発展していく．中心的な学習内容は，踊りの背景を説明し理解させ，写真や映像を見たりすることで実際のものを知らせることである．これらを学ぶことによって，子どもは学習する内容への知的好奇心を持ち，踊りのイメージを膨らませることにつなが

る．次に，簡単な小道具や衣装を作って身に付けさせることで子どもに臨場感を持たせ効果的に踊りの雰囲気を高めたりすることができる．

　基本的な動きを身に付ける学習過程と，身に付けたことをもとに学習を発展させる過程とを単元を通して計画し，すべての子どもが表現運動系の楽しさを味わえるように授業を展開していくことが大切である．

　ダンスは，「心を通わせるもの」という大きな目標に向かって子どもの表現運動系の活動をつくりあげていきたいものである．

引用・参考文献

1. 徳永隆治・木原成一郎・林俊雄編著（2010）新版　初等体育科教育の研究．学術図書出版社．
2. 文部科学省（2013）学校体育実技指導資料第9集：表現運動系及びダンス指導の手引．http://www.mext.go.jp/a_menu/sports/jyujitsu/1336654.htm．（2019年1月31日現在）
3. 日本フォークダンス連盟（1981）フォークダンスの理論と実際（学校フォークダンスライブラリー1）．遊戯社．
4. 宇土正彦編（1990）体育科教育法入門．大修館書店．
5. 宇土正彦編（1992）体育科教育法講義．大修館書店．
6. 舞踊教育研究会代表・片岡康子編（1991）舞踊学講義．大修館書店．

第7章 保健

1. 保健のねらい

　保健領域は子どもたちにとって，運動領域の学習以上に重要な意味を持っていると言っても過言ではない．

　子どもたちから，「なぜ逆上がりができなければいけないの？」と聞かれることがある．その問いに教師は何らかの答えを用意しておく必要があるが，誤解を恐れずに言えば，逆上がりができなくても，人生において何も困ることはない．それは，他の種目，例えばバスケットボールでも同じである．しかし，保健領域で学ぶことは違う．

　バスケットボールのルールを知らなくても人生には困らないが，交通ルールを知らなければ交通事故に遭うこともある．シュートがゴールに入らなくても次のシュートで入ればよいが，覚せい剤を断れなければその1回で人生が崩壊する．正々堂々と勝負するスポーツマンシップがなくても白い目で見られるだけで済むが，イッキ飲みをさせないという倫理観がなければ人の命を奪うこともある．

　保健領域で取り扱う内容は，子どもたちの人生に直結する内容である．もちろん，体育の授業のみで教え・学ぶわけではないが，小学校教育の中でも特に重要な役割を担っていることは言うまでもない．そのことを自覚したうえで，授業に臨まなければならないのである．

　それでは，保健領域の授業において，子どもたちにどのような力をつければよいのであろうか．端的に言えば，保健に関する「正確な知識を選び取り，その理解を深めること」「知識に基づいて意思決定や行動選択ができること」が目標として挙げられることになる．そして，その目標に対応する内容として，「正確な知識とその選択方法」「知識に基づく意思決定・行動選択の技術」「技

術を発揮するための価値観」などを教えることになる．

　ダイエット（体重管理）を例に考えてみよう．

　私たちは食事と運動が体重の増減に影響することを知っている．摂取した栄養以上に体重が増えることはないし，活動すれば蓄えた栄養を消費するから体重が落ちるという原則を知っている．だから，体重を管理しようとする場合，食事の制限を行ったり，運動を行ったりする．また，巷には食事制限の方法や運動処方についての知識もあふれており，意識するかしないかは別にして，私たちはどこかでその知識を学んでいるのである．

　体重を落とす場合，食事制限と運動という2つの方法があるが，運動を行うのは疲れるし運動すること自体に時間がかかる．だから，運動よりも，食事制限に力を入れる人が多い．食事制限をする場合も，食欲を抑えることは難しいから，1つの食品だけ食べる分にはどれだけ食べても良いとか，1つの食品だけ食べてはいけないなどのように，食欲を満たしつつ楽をして痩せたい人たちに耳触りの良い方法論があふれることになる．しかし，これらの知識には科学的，論理的にみて疑問符が付くものも多い．私たちはあふれかえっている知識の中から正しい知識を選び取ることができなければならないのである．

　そして，食事制限の正しい（とされる）方法を知ったとしても，私たちは往々にして食事制限に失敗する．痩せたい，と願いながら飲み会でお酒を飲みすぎたり，友人とケーキバイキングに行ってしまったりするのである．これは，体重を落とすということよりも，友人と楽しく過ごしたり，好きなものを食べたりすることの価値を高いと判断し，価値の高い方を選択するために起こる．体重を落とすことに強い価値を見出していなければ，他の欲に負けてしまうのである．

　ただし，この体重を落としたいということに強く価値を見出していたとしても，適正体重についての正しい認識がなければ，体調を崩すことになりかねない．近年のダイエットブームに乗って，適正体重という健康の指標としての体重概念に加えて，美容体重などのように，見た目の指標としての体重概念が使用されるようになった．その結果として，適正体重という点から見れば増量しなければならない体重であったとしても，減量しなければならないという強迫

観念にとらわれ，それが摂食障害としてあらわれることも多いのである．

このように，体重管理について考えてみれば，「適正体重とは何か，美容体重との違いは何か」「体重を増減させる要素は何か」という知識を学んだうえで，実際の行動として「食事制限の方法」を実行し，「適正体重を維持して健康でいたい」という価値観を持って食事制限を継続していく必要があるということになる．

心身の健康を保持増進していくための知識と実行力と価値観をいかにして教え・学ばせるかが，保健の授業の要点となるのである．

2. 保健の内容と指導のポイント

（1） 保健領域の内容

2017年の学習指導要領には，第3学年以上に保健領域として，5つの内容が位置づけられている．それは，「健康な生活」「体の発育・発達」「心の健康」「けがの防止」「病気の予防」である．これらの内容はそれぞれについての「知識」，「技能」，「思考力，判断力，表現力等」（以下，思考力等と略す）を中心に構成される．「知識」と「思考力等」はすべての内容で取り扱われるが，「技能」については，「心の健康」「けがの防止」でのみ取り扱うこととなっている．具体的には以下のとおりである．

第3学年は「健康な生活」を取り扱う．具体的には，健康の状態には主体的要因や環境要因がかかわること，健康に過ごすためには運動や食事，休養および睡眠の調和をとり，体の清潔を保ったり，明るさや換気などの生活環境を整えたりする必要があることなどの知識と健康な生活にかかわる課題を見つけ，

表 2.7.1 保健領域の内容

第3学年	第4学年	第5学年	第6学年
健康な生活	体の発育・発達	心の健康 けがの防止	病気の予防

解決方法を考え，それを伝えることができる思考力等が位置づけられる．

　第4学年は「体の発育・発達」を取り扱う．具体的には，体は年齢に伴って変化するが個人差があること，思春期になると大人の体に近づき，異性への関心が芽生えること，体の発育・発達には運動や食事，休養および睡眠が必要となることなどの知識と体の発育・発達にかかわる課題を見つけ，解決方法を考え，それを伝えることができる思考力等が位置づけられる．

　第5学年は「心の健康」と「けがの防止」を取り扱う．「心の健康」では，心は経験を通して年齢に伴い発達することや心と体は密接な関係にあることなどの知識と，不安や悩みに対処するためには，大人や友だちに相談したり運動したりするなど様々な方法があることの知識と実際に対処できるための技能，心の健康にかかわる課題を見つけ，解決方法を考え，それを説明する思考力等が位置づけられる．「けがの防止」では，交通事故や身の回りの生活の危険などのけがの起こり方やその防止の知識と，けがの悪化を防ぐための洗浄や止血などの簡単な手当ての知識とその技能，けがの防止にかかわる課題を見つけ，解決方法を考え，それを伝えることができる思考力等が位置づけられる．

　第6学年は「病気の予防」を取り扱う．具体的には，病気は病原体や体の抵抗力，生活行動，環境といった要因が関連しあって発症すること，病気を予防するためには感染経路の遮断や体の抵抗力を高めることが必要なこと，生活習慣病の予防には望ましい生活習慣を身につける必要があること，喫煙，飲酒，薬物乱用などの行為が健康に影響を与えること，地域では保健にかかわる活動が行われていることの知識と，病気の予防にかかわる課題を見つけ，解決方法を考え，それを説明することができる思考力等が位置づけられる．

　保健の授業では，これらの内容を指導していく必要があるが，そのためには教師による素材研究と教材研究が必要不可欠である．

（2）　保健授業の素材研究と教材研究

　多くの場合，保健領域の授業は教科書を用いて授業を行う．教科書は学習指導要領に従って作成されていることから，多くの教師が教科書通りに授業を行えばよいと考えがちである．しかし，教科書は教科書会社が各内容の素材研究

を行った上で教材研究を行い，各学年の子どもたちに合うように何らかの意図をもって作成しているのである．教科書を用いて授業を行うためには，その意図を読み取り，教科書を用いて教えようとする内容を理解しなければならない．学習指導要領や教科書に取り上げられている事象について問うことが素材研究であり，その結果の何をどのように取り扱うかを問うことが教材研究なのである．

　2008年の学習指導要領をもとに，「病気の予防」について考えてみよう．

　2008年の学習指導要領において，「病気の予防」は第6学年において取り扱うこととなっている．具体的には「病気は，病原体，体の抵抗力，生活行動，環境がかかわり合って起こること」「病原体が主な要因となって起こる病気の予防には，病原体が体に入るのを防ぐことや病原体に対する体の抵抗力を高めることが必要であること」などを理解できるようにすることが求められている．特に「病原体が主な要因となって起こる病気の予防」に注目した場合，その実行のために必要な知識は大きく分けて3つある．それは，病原体の無力化と感染経路の遮断と体の抵抗力の向上である．具体的に考えてみると，病原体の無力化には病原体の種類や駆除の方法，感染経路を遮断するためには，感染経路の種類，感染経路の遮断方法，などの知識が必要になると考えられる．また，体の抵抗力を高めるためには，適切な食事，運動，休養，睡眠についての知識と，それらの実施方法についての知識が必要となると考えられる．

　このような内容を教えるための教材として，教科書の該当部分を見てみよう．

　ある教科書では，「病原体の体の中への入り方」という項目で空気や食べ物，手などを経由して病原体が体に入ることを説明している．また，「予防の仕方」という項目で感染症の予防は病原体を体の中に入れないことと体の抵抗力を高めることが必要なことを説明している．そして，「さまざまな感染症」という項目で，空気を介してうつる病気としてインフルエンザとはしかと結核を，食べ物や手などを介してうつる病気として食中毒（腸管出血性大腸菌O157，ノロウイルス）を，血液などを介してうつる病気としてエイズを説明している．

　これらを見ると，学習指導要領の内容を忠実に反映しているように思われ

る．しかし，感染症についての一般教養レベルの知識を有していれば，取り上げられている感染症の一つについて，決定的な問題に気付くことができるだろう．それは，HIVは血液を介して感染することを知っていたとしても，ほとんど感染を予防することができないということである．なぜなら，HIV感染のほとんどは，性的接触によって起こるからである．

空気を介して感染するインフルエンザや，手や食べ物を介して感染するノロウイルスなどは，感染経路を知りその遮断方法を知ることで，子どもたち自身がそれらの感染症の予防に努めることができる．また，感染しないためには体の抵抗力を高めることが必要であることを知れば，早寝早起きや食事の前の手洗いうがいに気をつけることもできるであろう．したがって，これらの知識は小学生にとって今まさに必要な知識なのである．

しかし，エイズ（HIV）の場合は状況が異なっている．HIVの1年ごとの新規感染者数をみると，10歳以下での感染はほとんどなく，10歳から19歳で数例見られる程度である．したがって，小学生が感染することはほとんどない病気なのである．また，感染経路の遮断や体の抵抗力を高めるという観点から見れば，HIVの感染を予防するために子どもたちが特別に行わなければならないことはないと考えられる．それは，HIVは弱い感染力しか持っておらず，性的接触以外の社会生活のなかでうつることはまずないとされているためである．教科書においても「日常生活ではうつらない！」などの言葉で風呂や食事，皮膚の接触や蚊などを介して感染しないことを示している．

エイズ（HIV）の知識は，インフルエンザなどとは異なり，小学生にとってすぐに必要になる感染症の知識ではない．エイズ（HIV）の知識が将来必要になるという理由で取り上げるのだとすれば，主要感染経路である性的接触について言及し，性感染症として取り扱う必要がある（中学校学習指導要領においては性感染症とあわせてエイズ（HIV）を取り扱うこととなっている）が，そのような取り扱い方はされていない．このように考えると，エイズ（HIV）は単純に「病原体が主な要因となって起こる病気の予防」という内容を教える教材として取り上げられているわけではないことがわかる．

それではなぜ，エイズ（HIV）が教科書に取り上げられているのであろう

か．その意図を理解するためには，教師がエイズ（HIV）についての素材研究を行い，感染症としてのエイズ（HIV）の知識だけでなく，社会問題としてのエイズ（HIV）について理解しなければならない．

読者自身の手で素材研究・教材研究をしてもらいたいと考えるが，ここではその解釈の一例を示したいと思う．

エイズ（HIV）は社会的少数者に蔓延する感染症として認知されるようになり，そのため差別と偏見にさらされていた．日本では性感染症であることから感染者が好奇の目にさらされ，感染者の人権が侵害される事件が起こるとともに，近年まれにみる薬害事件によって感染者を増加させることとなった．この事実を踏まえ，2008年の学習指導要領体育科の「第3指導計画の作成と内容の取扱い」の1の（5）にしたがって，エイズ（HIV）が教科書に取り上げられているという解釈である．

これは，解釈の一例であるので，エイズ（HIV）が何を教えようとして取り上げられているのかは，読者自身で考えてみてほしい．

3. 具体的な指導例

（1） 病気の予防の単元計画

ここでは，第6学年の「病気の予防」の単元計画と，一部の授業計画を考えてみたい．2017年の学習指導要領には「指導計画の作成と内容の取扱い」において，効果的な学習が行われるよう適切な時期に，ある程度まとまった時間を配当することとされている．そこで，8時間の単元計画と，そのうちの「喫煙」についての授業計画を例示する．

病気の予防の単元では，子どもたちが現在から将来にかけて病気にかからず，健康な生活を送るために必要な知識等を身につけさせていくが，それらを実際の生活に結び付けて理解させる必要がある．その為，手洗いや歯磨きなどのふり返りを行ったり，換気の必要性を自分たちの肺活量を計算することで感じさせたり，実際にたばこに含まれるタールを見させたりするなど，できる限り具体的に情報を示す必要がある．

表 2.7.2 「病気の予防」の単元計画（8時間）

時	学習活動	指導の内容と手立て
1	・自分たちの経験を踏まえ，病気にかかる要因について理解する．	・病気の予防の知識を，自分の経験と結び付けて理解できるようにする．
2〜3	・インフルエンザなど，子どもたちにとって身近な感染症についてその感染経路を理解する． ・感染症の予防方法について理解する．	・手洗いや換気，規則正しい生活など，子どもたちが実践できる予防方法について指導する． ・感染症の一つとしてエイズについて触れ，正しい知識を理解させる．
4	・生活習慣病の要因について理解する．特に食事と睡眠及び運動について理解する． ・口腔の病気（むし歯・歯ぐきの病気）の要因について理解する．	・生活習慣病の知識と自身の生活習慣を関連付けて理解できるように指導する． ・歯磨きなど，子どもたちができる生活習慣病の予防方法について指導する．
5〜7	・未成年者は法律により喫煙が禁止されていることを理解する．また，健康に対するたばこの影響について理解する． ・未成年者は法律により飲酒が禁止されていることを理解する．また，健康に対する飲酒の影響について理解する． ・大麻等の薬物は法律により禁止されていることを理解する．また，有機溶剤にも触れ，健康に対する薬物や有機溶剤の影響について理解する．	・たばこ，酒，薬物及び有機溶剤には，依存性があることを理解させる．また，依存が生じた場合には，それらの禁断症状が現れることを理解させる． ・喫煙，飲酒，薬物等の使用には周りの人の影響が大きいことに触れ，勧誘された際の断り方について考えさせる． ・たばこや酒の具体物を用いたり，薬物依存の具体例を示したりするなど，それらの影響を身近な問題として感じられるようにする．
8	・健康の保持増進のために，地域では様々な活動が行われていることを理解する．	・各地域で発行されている刊行物等（地域の新聞など）を用いて，身近な保健活動について理解させる．

（2） 喫煙と健康の授業計画

具体的な指導計画として，単元計画の5時間目の「喫煙と健康」について考えてみたい．

3. 具体的な指導例

表 2.7.3 「喫煙と健康」授業計画（5時間目）

学習活動	指導の内容と手立て
・20歳未満の人の喫煙が法律により禁止されていることを知る．	・法律により禁止されていることから，20歳になるまで喫煙してはいけないことを示す．また，条例等によって喫煙できる場所が制限されていることなどを示す．
・たばこの特徴について知る．	・喫煙を簡易ポンプを使用して再現する． ・模擬喫煙前後の紙巻きたばこのフィルターを比較させる．茶色に変色するのはタールの影響であることを示す．
・たばこが健康に与える影響について知る．	・たばこに含まれる物質（タール・ニコチン・一酸化炭素）の影響について説明する．特に低年齢から喫煙を行った場合の影響が大きいことを説明する．
・20歳以上の人が，喫煙を許される条件について考える．	・喫煙が許される条件を示す． 1. 法律・条例を守っていること 2. 健康に影響があることを理解していること 3. 他者に迷惑をかけない（理解を得ている）こと
・20歳未満の人が喫煙するきっかけについて考える． ・今後，たばことどのように関わりを持つかを考える．	・喫煙の開始は，周りの人の影響を大きく受けることを説明する．

　例示する授業では，第一に，法律によって20歳未満の人の喫煙が禁止されていることから，子どもたちが喫煙してはいけないことを示す．これは，個人の価値観に左右されず，全員必ず守らなければいけないため，最初に確認しておきたい．

　その後，たばこの煙に含まれる物質について実物で確認させる．ビーチボールなどに空気を入れるポンプを肺に見立て，ポンプの吸気口にたばこを，排気口にティッシュをつけ，模擬喫煙を行う．模擬喫煙前後でフィルターの色が茶色く変化するとともに，排気口のティッシュも同様に変化したことを確認し，

この茶色の物質がタールと呼ばれる物質であることを示す．また，フィルターを通して吸い込む煙にもタールが残っており，ティッシュにタールが付着するように実際の喫煙では肺にタールが付着することを説明する．ティッシュには1本でかなりのタールが付着したように見えることから，たばこを1本でも吸うと肺がタールで汚染されてしまうという実感を持たせたい．

そして，タールで肺が汚染されるという実感を持たせたうえで，たばこの煙の成分について説明を行う．たばこの煙には様々な物質が含まれているが，健康に影響を与える物質としてタール，ニコチン，一酸化炭素を取り上げ，それらが，がんの発病や血管，心臓，血液などに影響を与えることを説明する．また，ニコチンは依存性を持っていることを説明し，継続的に喫煙を行うと，自分の意志で喫煙をやめることが難しくなることを説明する．

ここまでの展開において，子どもたちに，たばこ・喫煙について必要な情報を理解させる．次の展開として，学習した知識をもとに，どのような条件が整った場合に喫煙が許されるのかを考えさせる．

喫煙の授業では，多くの場合，「喫煙は健康に悪影響を与えることから，喫煙をしてはいけない．」という結論を提示しがちである．それは一つの考え方であり間違いではないが，20歳以上の人の喫煙は合法であるため，「少しくらい健康を害しても良い」と考える人にとっては意味をなさない．

筆者は，何かを禁止された場合には禁止事項に反発する気持ちが強くなるのに対して，一定の条件のもとに自由が保障される場合には反発する気持ちが比較的弱くなると考えている．例えばダイエットを行う場合，「200 kcal 以上のおやつを食べてはいけない」と「200 kcal までのおやつを食べてよい」という2つの文言は，同じ意味を持っているが受ける印象は異なっている．前者がおやつを制限されている印象を受けるのに対して，後者は一定の範囲内での自由が保障されている印象を受ける．

子どもたちの喫煙を禁止するだけでは，禁止されたことに反発して，逆に吸ってみたいという気持ちになりかねない．そのため，授業では「法律や条例を守ることを前提に，喫煙が健康に悪影響を与え余命を短くする可能性を理解した上で，周りの人（同席する人や家族）から喫煙することの同意（受動喫煙

させること，吸う人の健康を害する可能性があることなど）を得られた人は喫煙しても良い」という条件を示し，この条件を満たす努力をして喫煙を行うかを考えさせ，考えた結果として子どもたち自身に将来喫煙するかしないかを選択をさせたい．

　ここで重要なのが，「喫煙の条件を満たしたうえで，20歳以上になったら喫煙してみたい」という意見を頭ごなしに否定してはいけないということである．なぜなら，「将来喫煙する」という意見も，学習した知識を踏まえて，自ら思考し，自らの行動を決定する判断を行った結果だからである．もし，教師の価値観に従って将来喫煙しないという選択肢しか認めないのであれば，子どもたちは喫煙について思考し判断することなく，喫煙しないという選択肢を選ぶことになる．これでは授業を行う意味がない．

　「将来喫煙してみたい」という子どもがいた場合，教師は「喫煙は健康を害する可能性があるけれど，喫煙と健康を両立するためにどうしますか」「喫煙開始年齢と病気の関係性について考えてみよう」などの発問を行って子どもたちの思考を深めさせる必要がある．そのような問いをすることで，子どもが「30歳から吸い始めた人のがんによる死亡率は若い時に吸い始めた人より低いから，30歳になったら吸ってみて，自分に合わなかったら吸うのをやめる」などの意見が考えられるようにしていくことが必要である．

　その後，20歳未満の人が喫煙をするきっかけについて，友だちや周りの大人からの勧誘があることを例示し，先の学習を踏まえてどのように対応するかを考えさせたい．

4. 指導上の留意点

　自分自身の喫煙・たばこについての知識を思い起こしてほしい．喫煙・たばこの知識という場合，多くの人はたばこの有害物質についての知識を思い浮かべるだろう．たばこの種類（葉巻，紙巻きたばこ，嚙みたばこ，加熱式たばこなど）やたばこの味（葉の種類や着香など）などを思い浮かべる人は少ない．それは多くの場合，喫煙やたばこについて学ぶ場が学校教育の授業だけである

が，そこで取り上げられる知識はたばこの有害物質とそれと健康との関連性の知識であり，子どもたちがたばこに興味をもち，喫煙につながるような知識は排除されているからである．

　この背景には，健康を害する可能性が高い喫煙は行うべきではないという価値観がある．そして，その価値観の背景には，健康で長生きすることが良いことである，という価値観があるだろう．日本の教育の方向性として，子どもたちにこれらの価値観を身につけさせようとしていることは間違いない．

　しかし，ここで留意したいのは，「健康で長生きすることが良い」「健康の為には喫煙などのリスクを減らした方が良い」という価値観は，あくまで価値観の一つに過ぎないということである．法律で認められている以上，教師は，20歳以上で喫煙している人や喫煙しようとしている人の人格や価値観を否定してはいけないのである．

　価値観を身につけさせるということは，自らの価値観を相手に押し付けることではない．様々な知識を相手に伝え，相手がその知識を活用し思考する中で，結果としてその価値観を持つ，ということである．

　教師は，自らの健康についての価値観を問い直しながら，保健の授業を通して子どもたちが健やかに成長し，よりよく人生を送れるような健康に関する価値観を育んでいけるように，どのような知識をどのような方法で伝えていくかを考えていかなければならないのである．

引用・参考文献
1. 森昭三・和唐正勝編著（2002）新版保健の授業づくり入門．大修館書店．
2. 財団法人エイズ予防財団（online）API-Net エイズ予防情報ネット．http://api-net.jfap.or.jp/index.html
3. 日本たばこ産業株式会社（online）たばこ．https://www.jti.co.jp/tobacco/index.html
4. 厚生労働省（online）国民健康・栄養調査．http://www.mhlw.go.jp/bunya/kenkou/kenkou_eiyou_chousa.html

さくいん

―あ 行―

ICT機器　　　　　　　67
アナロゴン　　　　　　106
安全確保につながる運動
　　　　　　　　　　138
息こらえ　　　　　　　138
意識の焦点　　　　　　119
意思決定　　　　　　　179
浮いて進む運動　　　　138
運動感覚　　　　　69,107
運動感覚的指導　　　　63
運動の教育　　　　　　16
運動の視覚化　　　　　134
運動の特性　　　15,18,34
運動文化　　　　　　　3,4
運動文化の特質　　　　153
運動文化論　　　　　　16
教え合い　　　　　　　58

―か 行―

学習カード　　　　　　66
学習課題　　　　　　　58
学習課題の共有　　　　62
学習活動　　　　　　　40
学習過程　　　　　　　32
学習形態　　　　　　　68
学習指導案　　　　　　38
学習指導要領
　　　　　　2,3,5,10,14
学習指導要領等　　　　19
学習資料　　　　　　　63
肩での体重移動　　　　110
価値観　　　　　　　　190
かっこう　　　　　　　172
学校教育法施行規則　　27
体つくり運動　　　　　94
体つくりの運動遊び　　94
体の動きを高める運動
　　　　　　　　　　　95
体の発育・発達　　　　181

体のバランスをとる運動
　（遊び）　　　　　　95
体ほぐしの運動　　　　95
体ほぐしの運動遊び　　95
体を移動する運動（遊び）
　　　　　　　　　　　95
カリキュラム・マネジ
　メント　　　　　　　26
簡易化されたゲーム　　153
観点別学習状況　　　　79
技能　　　　　　　　　181
機能的特性　　　　　　18
基本的な動きを組み合わ
　せる運動　　　　　　98
教育評価　　　　　　　73
教科書　　　　　　　　182
業間体育　　　　　14,20
教材・教具　　　　　　162
教材研究　　　　　　　183
行事単元　　　　　　　10
共通課題　　　　　　　60
共通の学習内容　　　　162
グループ学習　　　　　161
「計画─実践─総括」の
　サイクル　　　　　　153
形成的評価　　　74,83,87
系統主義　　　　　　　10
系統的指導　　　　　　160
ゲーム記録　　　　　　162
けがの防止　　　　　　181
健康な生活　　　　　　181
言語的指導　　　　　　63
行動選択　　　　　　　179
攻防の相互発展的な指導
　系統　　　　　　　　161
呼吸法　　　　　　　　138
心の健康　　　　　　　181
個と集団　　　　　　　57
コンビネーションプレイ
　　　　　　　　　　　150

―さ 行―

逆さ感覚　　　　　　　111
試案　　　　　　　　　6,10
視覚情報　　　　　　　137
視覚的指導　　　　　　63
思考力，判断力，表現
　力等　　　　　　　　181
自己評価　　　　　　　75
資質・能力　　　　2,3,22
指導上の留意点　　　　41
指導と評価の一体化　　74
指導要録　　　　　　　34
集団思考場面　　　　　66
授業時数　　　　　　　27
主体的・対話的で深い
　学び　　　　　　　　36
生涯スポーツ　　15,19,80
勝敗の決め方　　　　　135
初歩的な泳ぎ　　　　　140
身体制御　　　　　　　137
身体能力の差　　　　　133
身体の教育　　　　　5,6,8
身体を通しての教育
　　　　　　　　　5,8,9,16
診断的評価　　　　83,84
数的優位（アウトナン
　バー）　　　　　　　161
スポーツの自治　　　　159
スポーツ文化の知識　　151
生活体育　　　　　　　6,11
走＋跳の組み合わせ　　124
総括的評価　　　　83,88
相互評価　　　　　　　75
総則　　　　　　　　13,26
素材研究　　　　　　　183

―た 行―

体験目標　　　　　　　83
体力づくり　　　13,14,15
楽しさ　　　15,16,18,19,20,

さくいん

	22, 23, 80
多様な動きをつくる運動	95
多様な動きをつくる運動遊び	95
単元	32
単元計画	32
単元構成	29
力試しの運動（遊び）	95
知識	181
通知表	72, 80
動作の焦点	119
到達目標	4, 5, 79, 82, 83
ドル平	140

―な 行―

年間指導計画	25
能力別グループ	58

―は 行―

バディシステム	147
ビデオ映像	66
ひと流れの動き	177
ひとまとまりの動き	177
評価規準	80
評価基準のすりあわせ	65
評価の基準	74, 76, 79, 82
評価の即時性	78
病気の予防	181
表現遊び	165
表現運動系	163
表現リズム遊び	165
評定	73, 88
フォークダンス	165, 167
並走する感覚	127
変身浮き	143
方向目標	5, 16, 83
法的拘束力	10, 14, 24
ポートフォリオ	67
補助	63
ホッピング	126

―ま 行―

学び方	19
目標に準拠した評価	83
目標の内容的側面	5
目標の能力的側面	5
もぐる・浮く運動	138

―や 行―

易しいゲーム	152
用具を操作する運動遊び	95

―ら 行―

リーピング	126
リズム	137
リズム遊ぶ	165
リズムダンス	165, 167

―わ 行―

「わかる」と「できる」	59

執筆者紹介（執筆順）

木原成一郎* <small>きはらせいいちろう</small>	広島大学大学院教育学研究科教授	第1部第1章，第5章
加登本　仁 <small>かどもと　ひとし</small>	安田女子大学教育学部准教授	第1部第2章
村井　　潤* <small>むらい　じゅん</small>	武庫川女子大学教育学部准教授	第1部第3章，第2部第7章
大後戸一樹* <small>おおせど　かずき</small>	広島大学大学院教育学研究科准教授	第1部第4章，第2部第4章
久保　研二* <small>くぼ　けんじ</small>	島根大学学術研究院教育学系准教授	第1部第5章，第2部第2章
坂田　行平 <small>さかた　こうへい</small>	広島大学附属小学校教諭	第2部第1章
中西　紘士 <small>なかにし　ひろし</small>	広島修道大学人文学部助教	第2部第3章
玉腰　和典 <small>たまこし　かずのり</small>	富山大学人間発達科学部講師	第2部第5章
菅尾　尚代 <small>すがお　ひさよ</small>	広島修道大学人文学部教授	第2部第6章

＊は編者

各章のタイトルのイラスト：八幡千明

改訂版　初等体育科教育の研究

2002 年 4 月 10 日	第 1 版	第 1 刷	発行
2008 年 4 月 10 日	第 1 版	第 4 刷	発行
2010 年 3 月 20 日	新　版	第 1 刷	発行
2017 年 2 月 24 日	新　版	第 5 刷	発行
2019 年 4 月 1 日	改訂版	第 1 刷	発行
2023 年 4 月 1 日	改訂版	第 4 刷	発行

編著者　木原成一郎
　　　　大後戸一樹
　　　　久保研二
　　　　村井　潤

発行者　発田和子

発行所　株式会社　学術図書出版社

〒113-0033　東京都文京区本郷 5-4-6
TEL 03-3811-0889　振替00110-4-28454
印刷　三美印刷（株）

定価はカバーに表示してあります．

本書の一部または全部を無断で複写（コピー）・複製・転載することは，著作権法で認められた場合を除き，著作者および出版社の権利の侵害となります．あらかじめ，小社に許諾を求めてください．

© 2019　KIHARA, OOSEDO, KUBO, MURAI
Printed in Japan
ISBN978-4-7806-0676-8　C3037